CYFNOS

Alan Llwyd

I Elinon,
gyda diolch,

Alan Llwyd

Cyhoeddiadau
barddas

Alan Llwyd / Cyhoeddiadau Barddas ©

Argraffiad cyntaf: 2023
ISBN: 978-1-911584-72-8

Cyhoeddwyd gan Gyhoeddiadau Barddas www.barddas.cymru

Mae'r cyhoeddwr yn cydnabod cefnogaeth ariannol
Cyngor Llyfrau Cymru.

Argraffwyd gan Y Lolfa, Tal-y-bont
Y darlun clawr: Iwan Bala
Dyluniad y gyfrol: Rebecca Ingleby Davies

Cydnabyddiaeth a Diolchiadau

Comisiynwyd 'Enwau' gan Brif Weinidog Cymru, Mark Drakeford AC, ar gyfer y digwyddiad 'Estyn yn Ddistaw', sef digwyddiad i nodi diwedd y cofáu ar ganmlwyddiant y Rhyfel Mawr. Cynhaliwyd y digwyddiad ei hun yn un o adeiladau'r Cynulliad ym mis Chwefror 2019. Trefnwyd y digwyddiad gan Lenyddiaeth Cymru gyda chefnogaeth gan Raglen Canmlwyddiant y Rhyfel Byd Cyntaf Llywodraeth Cymru, *Cymru'n Cofio/Wales Remembers 1914-1918*.

Comisiynwyd '*Odliadur* Roy' gan Radio Cymru ar gyfer y rhaglen *Yr Odliadur*, rhaglen i ddathlu deugeinfed pen-blwydd *Yr Odliadur*. Comisiynwyd 'Ceidwad y Perl' gan yr Adran Gymraeg ym Mhrifysgol Abertawe, ar achlysur ymddeoliad Robert Rhys o'r adran. Ar gais Alaw Mai Edwards a Mari George y lluniwyd 'Y Cyfarwydd'. Cyhoeddwyd y gerdd am y tro cyntaf yn *Yr Awen drwy'r Storïau*, dan olygyddiaeth Mari George.

Comisiynwyd dwy gerdd gan Linda Sidgwick, sef 'I Osian Elis Sidgwick' a 'Saethau Cariad'. Ar gais Gareth Richards, Cwm Tawe, y lluniwyd y gerdd 'I Nel ar ei phen-blwydd yn 18 oed'.

Dymunaf ddiolch i'r unigolion ac i'r sefydliadau hyn am gomisiynu'r cerddi.

Ymddangosodd rhai o'r cerddi yn *Barddas, Y Faner Newydd, Golwg* ac *O'r Pedwar Gwynt*, a dymunaf ddiolch i olygyddion y cylchgronau hyn am dderbyn y cerddi.

Yn olaf, diolch i Gyhoeddiadau Barddas am gyhoeddi'r gyfrol, ac i Elinor Wyn Reynolds yn enwedig am dywys y gyfrol drwy'r wasg.

Alan Llwyd

Er cof am Fred ac Elaine Harris,
fy rhieni yng nghyfraith, a Mabel, chwaer Fred

Cynnwys

Enwau
(Y Rhyfel Mawr 1914–1918)

O'r diwedd distawodd y gynnau. Trwy'r distawrwydd beichus
    roedd sŵn y galaru'n eglurach. Trochwyd y byd
mewn dagrau a gwaed, ac ar ôl y fath ddifa eithafol,
    roedd yr enwau ar goll drwy'r ddaear anwar i gyd,
cyfenwau dinod nad oedd yr un cofnod ohonynt
    ac eithrio yng ngweddïau mamau yn oriau'r nos;
y miliynau o enwau a yrrid ar amlenni unwaith
    o gartrefi gwâr i gyrraedd gorffwylltra'r ffos.

A gofynnodd rhai, 'Beth a wnawn â'r holl enwau hyn?
    Byddai gadael y rhain yng ngwledydd estroniaid yn sen.
Mae'n rhaid inni gludo'u henwau i'w gwlad eu hunain,
    hel yr holl enwau ynghyd oddi ar groesau o bren.'
Ac atebodd eraill, 'Cofnodwch ac achubwch eu haberth,
    rhag angof, ymhob tref a phentref, trwy eu coffáu;
â chŷn, ysgythrwch eu henwau ar feini yn hytrach
    nag ar ddarnau o bren, fel y bydd i'r enwau barhau.'

A bu'r seiri'n brysurach nag erioed, yn aredig y cerrig,
    ac yn hau'r holl lythrennau fel hadau ar hyd pob maen,
nes i'r enwau finiocáu llafn y cŷn, fel y gallai dorri
    rhagor a rhagor o enwau, gan ddifwyno'r graen;
ac â'u cynion aflonydd bu'r cerflunwyr hwythau yn naddu
    delwau o filwyr mewn efydd a charreg â chŷn
a hogwyd ar galonnau mamau, y maen ymhob mynwes,
    ac fel hyn y coffawyd y bechgyn nad aent fyth yn hŷn.

Ond gofynnodd rhywun, 'Beth am y mamau galarus,
     y mamau a gysgai ym meddau eu meibion mud,
y mamau a roddodd eu henwau a'u hanadl i'w bechgyn?'
     Ond roedd enwau eu meibion yn hawlio'r gofeb i gyd
ac nid oedd yr un mymryn o ofod i enwi'r mamau
     er mai'r rhyfel a'u hawliodd hwythau, a pheri eu lladd
o dorcalon, o hiraeth creulon, a phob bedd fel crud,
trengi, heb i gŷn eu henwi ar y garreg nadd.

'Ond beth am y rhai a fynnai eu difa eu hunain
     yn hytrach na difa eraill ar feysydd y tân,
y rhai a ddewisodd y rhaff yn hytrach na'r uffern
     lle rhwygid yr hogiau yn ddarnau, yn ysgyrion mân,
a'r tadau a holltodd arddyrnau, o ddwyn oddi arnynt
     eu meibion yn anterth eu dyddiau, nes i'w dyddiau droi'n staen?'
Hyn, yn annoeth o ddewr, a ofynnodd eraill,
     ond lle i'r un enaid llwfr nid oedd ar y maen.

A gofynnodd rhywun, 'Beth am y Duw a'n gadawodd
     drwy gydol yr Armagedon, drwy'r blynyddoedd blin,
y Duw a fu farw'n y rhengoedd, y Duw a lofruddiwyd
     yn nydd dad-wneud y cenhedloedd, a'n gwareiddiad yn grin?'
A daeth rhywun ag ateb: 'Ei gofeb yw'r ddaear i gyd,
     nid oes maen digon mawr i'w enw, fel y cedwir yn fyw
ei enw, fel yr enwau eraill, ac oherwydd hynny,
     bydded y beddau oll yn gofeb i Dduw.'

Ac felly y bu. Gweddnewidiwyd pob tref a phentref;
codwyd cofebau i feibion y mamau mud;
diogelwyd yr enwau am byth, diogelwyd y galar;
un gofeb oedd y ddaear gyfan, un cofadail o fyd,
a'r enwau, y miloedd o enwau, yr enwau diddiwedd,
roedd y rheini yn gaeth yn y meini, yr holl enwau rhad
yn glòs, yn frawdgarwch ar gerrig, ond yr enwau eraill
ar goll drwy'r ddaear i gyd, heb yr un coffâd.

Odliadur Roy

(2018: deugain mlynedd ar ôl ei gyhoeddi)

Erbyn hyn y mae deugain haf –
er mor anodd yw credu hynny – ers i Brifwyl Caerdydd
ddathlu cyhoeddi dy lyfr;
deugain Awst wedi hen fynd heibio, fel afon Taf
yn llifo heibio i'w hynt
o ddydd i ddydd, nes i heddiw droi'n ddoe;
llithro heibio mor ddiarwybod
ag amser ei hun.

Mae cynnwrf yr Awst hwnnw
yn fyw o hyd ynof fi:
llefarem ac anadlem odlau;
roedd odlau ymhobman, odlau, llond cae o odlau,
odlau yn crwydro ledled
maes yr Ŵyl, gan rymuso'r iaith
wrth gryfhau a dyfnhau ein hawen.

Rhoist inni, yr Awst hwnnw,
ddigon o eiriau i odli â'th enw
fel y gallwn ddathlu dy gamp.

Beth, felly, sy'n odli â Roy?

Paratoi:

Llafuriaist, paratoaist ti
odlau ar gyfer eraill,
a'r odlau yn ffin ac yn droedle,
yn oroesiad ymhob ymryson,

wrth i ni atgyfnerthu ein hiaith.
Darperaist eiriau parod
ar gyfer y beirdd, bob un.

Ymroi a rhoi:

Ymroi a wnaethost rhag marw o'n hiaith,
ymroi i roi i'r Gymraeg
ddigon o odlau am ddwy genhedlaeth,
o leiaf, Roy. Dy lyfr oedd
sail a chanllaw ein hawen
uwch seiliau a chanllawiau ein llên;
dy lyfr odlau afradlon
ac ynddo ormodedd o odlau,
digon o odlau i feirdd dy genedl fod
yn un â'r traddodiad am byth.

Cyffroi:

Ar Awst yr Ŵyl cyffroist yr iaith
i ganu â hyder, wrth iti genhadu
o blaid y gynghanedd,
a pharhau a wnaeth y cyffro hwnnw o Ŵyl
i Ŵyl, ac er i'r tawelwch
digyffro dy hawlio di,
buost ti, bob Awst o haf,
yn rhan o'r cyffro hwnnw.

Ffoi:

Ffoaist ti i'th orffwys dwfn
yn rhy annhymig o lawer; er inni ymglywed

â'th lais, distewaist ti
yn rhy gynnar i ganu
dy gân dy hun, er bod gennyt
fwy o odlau na'r un o'r glêr
ar gyfer y gwaith.

Troi:

Trist oedd fel y troaist ti
oddi wrthym mor warthus o gynnar;
troi o'n plith cyn trin plethiad
y gynghanedd ymhellach;
troi, cyn i ti â'r awen
gyflawni dim, ac ail gyfle nid oedd.

Cloi:

Mae'r Eisteddfod yn dod i Gaerdydd
eto eleni, a bydd creu telyneg,
a bydd eto lunio englynion,
ac yno y byddi di
yn ymarhous ymhob ymryson
yn ateb y tasgau eto
o linell i linell, yn cloi englynion
y beirdd, er dy fod, bob Awst,
mor oesol ddiymryson.

Rwyt ti, er hynny, wedi cymryd rhan
ymhob ymryson ym mhabell
y beirdd, er cadw mor bell
ers bron i ddeng mlynedd ar hugain;

a bydd gennyt eleni eto
linell neu ddwy yn englynion
y beirdd, a bydd dy lyfr odlau
yn cau ein llinellau ni
ac yn cwblhau ein cywyddau a'n hawdlau o hyd,
gan barhau yr hyn a ddechreuaist
un Awst ddeugain mlynedd yn ôl.

Sharon Morgan

Sawl un, nid hi ei hunan, ydyw hon;
    nid oes Sharon Morgan:
    llafar ar sgrin a llwyfan,
    disglair y chwaraea'i rhan.

Â'r rhai a siaradai'r iaith mwy ar drai,
    y môr draw ym mhlethwaith
    ei wymon a'n dwg ymaith
    ymhell i'r mudandod maith.

Â'i hwyneb yn wynebau lluosog,
    a'r un llais yn lleisiau,
    y mae'i hiaith yn ei dramâu
    ar gynnydd trwy ei genau.

A gwâr yw'r actores gron, yn actio'i
    Chymreictod o'r galon:
    lleisiau eraill yw Sharon –
    nid hawdd yw adnabod hon.

Pawb yw hi. Hi yw pob un ohonom;
    o'i mewn y mae Cymru'n
    parhau; hi yw pob rhywun,
    eto hi yw hi ei hun.

A mur yw pob cymeriad o'i heiddo
    rhag dydd ein dadfeiliad:
    ymhob rhan y mae parhad;
    llai yw'r trai drwy'i phortread.

Â'r Graig-ddu'n Gymru ar goedd, ni werthodd
     Martha mo'i goludoedd:
  â'i Martha'n drwm o werthoedd,
  gwarchod Cymreictod yr oedd.

Actio'i rhan sy'n cadw'r iaith, ac mae'r un
     Gymraes inni'n obaith
  na'n dwg o'r golwg eilwaith
  y môr a'i fudandod maith.

Ar ben-blwydd fy mab, Ioan, yn 40 oed

Yn dy bryder y ceri dy ferch fach,
    dy fraich fyth odani'n
   obennydd, gan ymboeni
   ddydd a nos o'i hachos hi.

Unwaith ymboenwn innau o'th herwydd,
    a thaer oedd fy ofnau;
   hynny oedd braint fy nyddiau
   er nad braint yw i barhau.

Cariad tad tuag ati hi a wyddost
    o'th fodd, gan ailbrofi,
   o'th gariad tuag ati,
   gariad tad tuag atat ti.

I Dafydd ar ei ben-blwydd yn 36 oed

Fy mhlentyn fy hun, fy had; ond tyfaist,
    Dafydd, mewn amrantiad,
    nes dy fod, o'i ddyfodiad,
    i'th blentyn dy hun yn dad.

I Dafydd ar ei ben-blwydd yn 38 oed
(Mehefin 2, 2020, Blwyddyn y Pla)

1.

Er dy fod – gwaredaf fi! – yn agos
    at ddeugain eleni,
    rwy'n cofio dy faldodi
    yn dair, fel dy Dristan di.

2.

Er dyddiau'r ofn a'r dioddef, er i bawb
    rannu'r boen a'r hunllef,
    er pob gwaedd, er pob goddef,
    mae Mehefin inni'n nef.

Ceidwad y Perl

i Robert Rhys

(ar achlysur ei ymddeoliad o'i swydd fel Darllenydd
yn Academi Hywel Teifi, Prifysgol Abertawe, Medi 2018)

Yr oedd ein cymoedd yn cau
o un i un, a ninnau'n
rhy oediog i gau'r adwy,
yn rhy wan i'w rhwystro hwy
rhag hawlio daear Celyn
a lladd Clywedog â llyn:
dinasoedd estron oeddynt,
y rhai a'n bygythiai gynt,
a phob dinas atgas oedd
yn ffroeni ein dyffrynnoedd
o hirbell, ac i'w herbyn
nid hawdd cau adwyau'n dynn,
a'r ddinas oeraidd, anwar
yn dwyn pob cymuned wâr.

Ofer yng Nghwm Tryweryn
oedd cau'r adwyau yn dynn:
boddwyd y tir a'r beddau,
amdo o gwm wedi'i gau;
murddun dan drymder merddwr,
beudái dan wyneb y dŵr;
dim iaith, dim cydamaethu,
dim ond llyn diderfyn, du.

Ond roedd tri o gymoedd gynt
â dwrn bygythiad arnynt,

tri chwm dan gysgod cwmwl;
ar fin bedd, a'n harfau'n bŵl,
y trigem, a'n tiriogaeth
yn lleihau, a ninnau'n waeth.

Cwmwl dinas Lerpwl oedd
un cwmwl uwch ein cymoedd:
tynnodd, dadweiniodd dinas,
â'i safle'n gryf, gleddyf glas,
ac â llafn miniog y llyn,
torri cwlwm tir Celyn;
ond cymerwyd cwm arall
i'w droi'n llyn, llyn fel y llall:
torri clwydi Clywedog,
ennill llyn am fymryn llog.

Ond trech oedd un o'r tri chwm
na'r un gelyn; yn gwlwm
o undod y gwarchodai
y rhain eu tir; darnio'u tai
ni fynnent, safent yn syth,
yn gwlwm clòs gwehelyth.
Rhag troi'r tir yn ei hirlwm
yn fynwent, caeent y cwm:
cau adwyau a daear
eu cartre' hwy; cau'r tir âr;
cloi bro rhag hawlio calon
y tir a'r gymuned hon.

Yno clowyd y clwydi
yn dynn yn ei herbyn hi,
y ddinas a feddiannai
y cwm yn gyfan, pe câi.

Ni all dinas droi'n wasaidd
linach sy'n gryfach ei gwraidd.
Dynion diwreiddiau dinas
a ddôi i ddadwreiddio'i dras,
ond, er cwmwl, un cwlwm,
un rhagfur oedd Cymry'r cwm,
un cwm yn mynnu nacáu
awdurdod â llidiardau;
cau llidiardau â dewrder,
a'u cau hwy yn cynnig her
na chaent roi ar erchwyn traeth
undroed ar dir Cwm Gwendraeth.

Nid hawdd yw amddiffyn tir
a brad yn bygwth brodir,
a gwaeth na'r un bygythiad,
mil gwaeth na gelyniaeth gwlad
estron, yw'r brad sy'n cronni'n
ddwfn iawn oddi fewn i ni
ein hunain, a'r brad ynom
yw'r gwaethaf, sicraf ei siom.

Nid brad estron mohono,
y brad a fu'n bygwth bro
unigryw ei Chymreigrwydd,
ond nid ildiai rhai mor rhwydd
i ddinas gas a geisiai
hawlio'r tir a chwalu'r tai,
a'r brad oedd lladrad y lle,
brad tywyll Abertawe.

Dinas ein hurddas oedd hi
a phedwar o'n proffwydi
ynddi hi'n noddi eu hiaith;
arweinient Gymru unwaith:
Pennar, y bardd gwâr; J. Gwyn;
Saunders, y ddinas undyn
o ran dysg, a'r un y daeth
arweiniad drwy'i athroniaeth –
gwleidydd, athronydd wrth reddf
a'i genedl iddo'n gynneddf.

O Gwm Gwendraeth y daethost,
ysgolhaig a wyddai gost
gwarchod yr hanfod i'r hil
oeddit, nid Cymro eiddil.
Nid oedd dy gynefin di
ar werth; â dewrder wrthi
y glynent, rhag i linach
werthu fyth fro'r Wendraeth Fach.
Â'u safiad ymhob adwy,
nid di-hid mohonynt hwy.

Perl yw'n hiaith. Pa ryw le'n wâr
ar ôl lluchio'r perl llachar?
Hi yw'n perl ymhob hirlwm,
yn gof llawn mewn gaeaf llwm.
Ni ddôi haid dieithriaid haf
i ladrata'r perl drutaf:
dôi brad bygwth gwlad o'i glain
ohonom ni ein hunain.

Cadw'r perl er pob erlid
ar dras gan ddinas ddi-hid
a wnaeth dy Gwm Gwendraeth gynt,
a'r rhodd mor werthfawr iddynt.

Cefaist ruddin dy linach;
dewr o'th fewn Gwm Gwendraeth Fach;
hi oedd dy graidd; hi dy gred,
ac â'i maen, dy gymuned
anhygyrch a fu'n hogi
dy haearn â'i haearn hi.

Dy adwy di ydyw dysg;
dy glawdd diogel, addysg:
â thân Cwm Gwendraeth unwaith
y mynni di warchod iaith,
ac fe godi di trwy dân
glwyd ar glwyd â'th ddysg lydan.

Ti sydd yn tywys addysg;
ti sydd ddihysbydd dy ddysg;
dihysbydd o flaen dosbarth
i'r eithaf, er gwaethaf gwarth
dinas ddihidio unwaith,
yw dy ddysg, rhag diwedd iaith.
Ti a fu'n lledaenu dysg,
hyrwyddo'r iaith drwy addysg;
lledaenu gerllaw dinas
iaith fyw ac nid bratiaith fas.

Iaith ddiddim yw'r iaith heddiw,
nid iaith ein heneidiau yw;
iaith chwit-chwat a llawn bratiaith,
rhyw eco dinod o iaith
a'i cheinder hi'n chwyn a drain.
I'th fyfyrwyr, iaith firain
a roist i gadw'r ystyr,
cadw'r perl rhag gwacter pur:
rhoddaist ti urddas dy iaith
iddynt drwy gerdd a rhyddiaith,
ac, o'th wirfodd wrth roddi
ei glendid cynhenid hi,
helaethaist â'th ddarlithoedd
ei thir: dy Gwm Gwendraeth oedd
y coleg, caer rhag helynt,
fel caer helaeth Gwendraeth gynt:
coleg a bro'n un cwlwm,
a'r cof yw'r coleg a'r cwm.

Marwnad y Gymraeg

Mor gain y mynegai'n hiaith
lawenydd cenedl unwaith;
mynegi'r cymun agos,
y rhwymau a'r clymau clòs,
rhwng dyn a dernyn o dir,
ac undod iaith a gweundir.

Graean oedd geiriau ein hiaith
a thonnau'n traethau uniaith
yn rhoi sglein ar ei meini,
rhoi graen ar ei geiriau hi;
tonnau'r bae'n llyfnhau'r graean,
yn caboli'r meini mân.

Hen eiriau'n llawn o hiraeth
fel sŵn môr yn treiglo'r traeth;
sŵn ffrwd yn siffrwd dan sêr
gaeafol, neu sŵn gofer,
nad hawdd yw i'r gwynt ei ddal,
yn croesi cerrig grisial.

Tir pob bro wâr a drowyd,
er llawnder lliw, yn dir llwyd,
a throi tafodiaith rywiog
yn gân aflafar y gog:
iaith hardd yn iaith ddiurddas,
iaith ddi-fefl yn fratiaith fas.

Â'r geiriau'n lleihau o'n llên,
lleihau y mae'n holl awen,
hithau'r gainc a lanwai'n clyw
rhyw un nodyn prin ydyw,
un alaw ddigyfeiliant
o rygnu'n telyn un tant.

Pwy a rwygodd rodd mor wâr
a rhyddhau, gwacáu'r ddaear
o'i hafiaith; baeddu hefyd
â phoer a drefl saffir drud?
Dibrisio'r rhodd a rhoddi
iaith mewn arch a wnaethom ni.

Ar ben-blwydd ein priodas
ar ôl 42 o flynyddoedd

Wrth ddwyn yr hen berthynas ag afiaith
    i gof, ddydd ein priodas,
  yr un yw'r cyffro a'r ias
  er tyneru'r tân eirias.

A'r un, yn hŷn, yw'n hanwes; yr un yw'r
    hen wefr galon-gynnes
  oddi fewn i'r ddwy fynwes;
  dau gytûn yn un, yn nes.

Ninnau'n dau'n ymestyniad ohonom
    ein hunain, a chariad
  meibion yn hawlio'n parhad,
  hwy ill dau'n tynhau'n huniad.

Dau â'u huniad yn dynnach oherwydd
    eu hŷyr, a disgleiriach
  yw modrwy eu serch mwyach;
  erys fyth drwy wyres fach.

Nid rhewynt oer o aeaf sy'n nesáu,
    â'n serch ar ei ddyfnaf,
  ond hwyr fel pasiant araf
  machlud Gŵyr ar hwyr o haf.

Cofio'r Streic

(Yr Arwisgo: 1969–2019)

Mae'n anodd gen i gredu, erbyn hyn, fod hanner can mlynedd –
    hanner canrif yn union – wedi rhuthro heibio i'w hynt,
oddi ar i bedwar ohonom, mor ddiamynedd,
    fynd ar streic rhag sarhau ein Cymreictod, ym Mangor gynt.

Streic newyn yn erbyn derbyn rhyw Lywelyn ail-law
    arnom yn deyrn; gwrthdystiad rhag i frad droi'n unfrydedd;
pedwar diwrnod o giniawa ar newyn ym Mil Naw Chwedeg Naw,
    rhag cyfri'r difrïo yn fraint a'r sarhad yn anrhydedd.

Mi wn, o'r pedwar ohonom, ble mae Pedr Wynn,
    ond mae Euryn, mi wn, wedi marw; llithrodd ei droed
wrth grwydro Eryri. Ni wn ble mae Ieuan Bryn
    oddi ar ddyddiau'r sarhau, ac ni feddyliais erioed

y byddwn, o'r holl bethau a fu cyn diweddu'r daith,
yn cofio'r Arwisgo a'i rwysg, a streic y protestwyr iaith.

I Cenwyn Edwards ar ei ben-blwydd

(Comisiynydd Rhaglenni Dogfen S4C)

Rhoi'n hanes yn grwn inni a wnaeth hwn,
    a thynnodd hen stori
    ei linach, trwy'i raglenni,
    yn nes at ein Cymru ni.

Darlledu'i Gymru ar goedd; drwy'r holl wlad,
    darlledu ei gwerthoedd:
    i'n parhau darparu'r oedd
    gyfresi'n gof yr oesoedd.

Pob rhaglen, pe peryglid y Gymraeg,
    mur oedd rhag ein herlid;
    rhoi'i ddoe i Gymru ddi-hid,
    a'i hanes gwâr, cynhenid.

Rhaglen rhag troi yn fregliach y Gymraeg;
    mur oedd yr iaith bellach;
    ninnau o fewn y sgrin fach,
    sianel hanes hen linach.

11 o'r gloch, Tachwedd 11, 1918

Er i fyd gymryd ar goedd eiliad fer
    i glodfori'r miloedd,
    parhad, nid cadoediad, oedd
    i ryw fil o ryfeloedd.

Rhyfel

Y mae rhyfel, fel gelen, yn yfed
    gwaed yr ifainc llawen;
    y gwan ni hawlia, na'r hen:
    hawlia rhyfel yr hufen.

Yemen

A glyw Duw, uwch ein daear, o Yemen
    gri'r mamau cyhuddgar,
    ac a wêl, uwch eu galar,
    ddrychiolaeth llywodraeth wâr?*

George Floyd

Aeth oes yr hen gaethwasiaeth gynt dros go',
    ond trais gwyn sy'n helaeth:
    mae'r du eto'n gwingo'n gaeth
    yn hualau ein hiliaeth.

* Cyflenwir Saudi Arabia â gwerth miliynau ar filiynau o bunnoedd o arfau ac offer militaraidd gan Lywodraeth Lloegr. Defnyddir y cyfarpar hwn i fomio a dinistrio Yemen, gan ladd miloedd o blant a mamau.

Carol: Penbleth Mair

A daeth yr Angel ati hi
    â'i genadwri daer:
'Duw,' meddai, 'a'th ddewisodd di
    i eni Crist, Ei aer.'
Â geiriau'r Angel lond ei chlyw,
erfyniodd hithau, Fair, ar Dduw.

'Dy fab yn fab ni fynnaf fi,
    ni fynnaf fi, yn faich,
Grist, fy ngoleuni, ar fy nglin,
    fy Mrenin ar fy mraich,
wrth imi roddi llaeth fy mron
yn faeth i'r greadigaeth gron.

A all fy nghragen wen o gnawd
    ddal dy fydysawd Di?
Efô yw'r perl, myfi yw'r poer –
    yn oer fy nghalon i
y dygaf y Bendigaid Un
nad yw yn fab i mi fy hun.

Er maint fy mraint, mae'r fraint yn frad;
    sarhad i'r saer yw hyn,
a bydd fy anffyddlondeb i
    yn torri'r cwlwm tyn
a luniwyd rhyngom ni ein dau
yn Nasareth, cyn ei sarhau.'

A'r Angel ni ddywedodd air,
gadawodd Fair yn fud
wrth iddi hi bendroni'n drist
ar siglo Crist mewn crud
a luniwyd iddo gan y saer
nad oedd y plentyn iddo'n aer.

I Ioan ar ei ben-blwydd yn 41 oed

1.

Er i amser â'i gerrynt eu cludo,
    heneiddio'r hyn oeddynt,
    ac er dwyn eu gwanwyn gynt,
    mab a thad am byth ydynt.

2.

Yr un yw'r atgof erioed: fe gofiaf
    ag afiaith, o'm henoed
    a'r gaeafu ar gyfoed,
    dy ben-blwydd yn ddengmlwydd oed.

Ar ben-blwydd Ioan yn 42 oed

Rhoesom, er troi a throsi ar ddi-hun,
    rodd hardd bywyd iti;
    gan hyn, yn anrheg i ni,
    rhoist wyres i gloi'r stori.

Er Cof am Bet Closs Parry

(Brwydrodd, yn ddewr, i gael un Nadolig arall gyda'i theulu,
yn groes i ddisgwyliadau'r meddygon)

1.

Brwydrai hi, bob awr, drwy'r haf a'r hydref;
    brwydrodd nes i'r gaeaf
  ei galw hi, er yn glaf,
  i'w gŵyl Nadolig olaf.

2.

Rhag iddi ddihoeni'n hen, derbyniai
    na wellhâi yn llawen
  heb i'w chur dywyllu'r wên
  na'i dolur fynd â'i heulwen.

Pen-blwydd Deilwen

Creodd Mai lawer deilen ar y coed;
　　　llawer cân ar gangen;
　　　yn ddi-ail y gwnaeth Ddeilwen:
　　　un yw hi, ac nid â'n hen.

I Osian Elis Sidgwick
a aned ar Fai 11, 2018

Diolch i'r Mai tanbaid hwn am Osian;
　　　hwn yw'r mis a garwn;
　　　yn deulu, fe gydwyliwn
　　　ei grud, a'n teulu yn grwn.

Hwn, Osian, a'n cyfannodd yn deulu;
　　　fel dolen y cydiodd
　　　bawb ynghyd, a'n byd o'n bodd;
　　　hwn, Osian, a'n hanwesodd.

Ifanc yw'n byd a chyfan, ac agos
　　　o achos un bychan;
　　　agos o achos Osian:
　　　o'n mewn i gyd, mae Mai'n gân.

Ffarwelio ag Ewrop

(yn nyddiau Brecsit)

Er mawr lawenydd, maluriwyd y mur ym Merlin
    ddeng mlynedd ar hugain i eleni, gan ddileu hen elyniaeth,
ac eto mae'r hen dennyn Prydeinig yr un mor dynn
    am ein gyddfau ag y bu erioed, gan barhau ein dibyniaeth

ar wleidyddiaeth Lloegr. Yn ddewr drwy Ewrop diddymwyd
    pob ffin, gan ddileu pob diawlineb, a phob mur fesul un,
i'n rhyddhau o hualau'r hen hiliaeth; yn raddol fe glymwyd
    y gwledydd yn glòs, a daeth diwedd ar ryfeloedd dyn.

A ninnau? Rhyw berthyn a wnawn, heb rith o hunaniaeth,
    i Loegr sydd yn gwerthu taflegrau a bomiau i'r byd,
i Loegr sy'n dileu'n cenedligrwydd, yn lladd pob gwahaniaeth,
    er mwyn ein cymathu, ni Gymry, yn Brydeinwyr i gyd;

ac i'w chadw yn hil ddihalog, yn un Brydain buredig,
y mae'n rhaid i ni fod ar wahân i'r Ewrop unedig.

Torri'r Fanhadlen

(Tyfai ar bwys croesffordd brysur Treforys)

Bob Mai blodeuai'n dawel,
    melynai'r awel wynt,
a'r ceir yn gwibio heibio,
    yn rhuthro ar eu hynt,
yn rhuthro heibio i aur ei thres,
gwibio a rhuthro yn un rhes.

Crychdonnai ei chudynnau;
    gan gynnau yn eu gwêr,
consuriai'r holl ganhwyllau
    nosweithiau llawn o sêr:
yr oedd ei holl gyfaredd hi
yn gyffro gwallgof ynof fi.

Ond pwy a ddaeth â'i fwyall,
    pa lofrudd cibddall, cas
a'i treisiodd hi o'r tresi
    a roddai imi ias
bob tro'r awn heibio iddynt hwy
ond nad af heibio iddynt mwy?

Mewn oes y mae'i hyfrydwch
    a'i harddwch yn prinhau,
drygioni byd ar gynnydd,
    llawenydd yn lleihau,
trysori'r tresi aur sydd raid
er bwyall oer, a baw a llaid.

Yn ddeg a thrigain bellach,
    prinnach yw pob rhyw hud,
a llawer llai yw lliwiau
    enfysau hyn o fyd,
ac wrth i henaint ddod yn nes
hiraethu'r wyf am aur ei thres.

Ar ben-blwydd Dafydd yn 39 oed

Fel rwyt ti'n gwirioni'n grwn ar Dristan,
    gwn mor drist a fyddwn
    heb i ti fyw'r bywyd hwn:
    dedwyddach yn dad oeddwn.

Rhoes Mehefin fab inni; Awst a roes
    Dristan yn fab iti
    yr un modd, a thrwy'r rhoddi
    cyfannwyd ein haelwyd ni.

Paul

(Cyfarwyddwr y ffilm *Hedd Wyn*)

Aeth dydd dy farwolaeth di â'm meddyliau ymhell
    yn ôl i'r gorffennol wrth inni greu ffilm ar y cyd;
ni ein dau wedi ein cau, fel dau garcharor, mewn cell
    wrth i'r ddau ohonom ddyheu am gyflwyno i'r byd

stori arwrol Hedd Wyn. Ymroi i hyrwyddo
    ein hiaith a'n diwylliant a wnaethost, uniaethu â ni:
cyfarwyddaist freuddwyd, a gwefreiddiol oedd dy gyfarwyddo;
    y grefft o berffeithio'r sgript a ddysgaist i mi.

Nid marw a wnaethost i mi ond marchogaeth draw
    yn hytrach i gyfeiriad y machlud, a minnau'n dy wylio
yn cyffwrdd â blaen dy het ac yn codi dy law
    oddi ar gefn dy farch yn gyfarchiad, wrth iti noswylio;

ac efallai y parhawn y gyfeillach a fu rhyngom, Paul,
pan groesaf innau'r hen baith ar fy nhaith ddi-droi'n-ôl.

Y Cyfarwydd

Pwy oedd y storïwr rhwydd, y cyfarwydd a fu'n
    difyrru'i gynulleidfa wâr a'i dal â'i hudoliaeth,
yr un a ddeallai'r ddeuoliaeth ym modolaeth pob dyn,
    yr un a fu'n turio, yn treiddio at wraidd ein dynoliaeth?
A phwy a'u copïodd, y chwedlau a archwiliai'r ffin denau
    honno rhwng daioni a drygioni, rhwng y du a'r gwyn?
A ddeallodd y rhai a drôi'n gronicl y geiriau o'i enau
    neges ei Fabinogi, ystyr hud y storïau hyn?

Anadlodd fywyd i'w chwedlau trwy'i ddewiniaeth a'i ddawn;
    deallai bob gwendid a bai, deallai dwyll.
Rhithiodd ger ein bron Riannon, a gydiai yn rhawn
    ei march wrth fynd ymaith ar garlam rhag ei herlid gan Bwyll.
Deallai ofid y mamau a gyhuddid ar gam
    o ladd eu plant, fel y bu i Riannon ddioddef
trwy dwyll a chamwri'r chwe morwyn, a'i hamharchodd fel mam,
    a rhoi iddi hi sarhad nad oedd modd ei oddef.

Tosturiai wrth Franwen, y wraig ddolurus, ddolefus,
    dioddefwraig y briodas drasig, y briodas o drais;
y briodas sydd yn troi pob cartref yn uffern hunllefus;
    gwyddai, hyd lid, am drueni'r holl wragedd di-lais,
a pharodd i Franwen roi'i llais i'r aderyn drudwy,
    a'i yrru ymaith, ar ôl rhwymo ei neges brudd
ynghlwm wrth un o'i adenydd, i gyfeiriad Ardudwy,
    i erfyn ar ei brawd Bendigeidfran i'w gollwng yn rhydd.

Deallai hwn y gwahaniaeth rhwng bodolaeth pob dau:
    Efnisien a Nisien, drygioni a daioni dynion;
Efnisien, yr amharchwr meirch, o gael ei sarhau,

yn suddo'i fysedd i mewn i ymennydd gelynion,
ac â'i gariad at ei chwaer yn ei chwerwi, yn hyrddio Gwern
    i'r tân i gosbi Branwen am gyflawni'r brad,
fel pe na bai dyrnod anghelfydd rhyw gigydd ar gern
    beunydd yn ddigon o benyd am y sarhad.

Hithau, Flodeuwedd, a genhedlwyd gan hudlath Gwydion,
    a hudlath Math, i'w chymathu i fod yn wraig
i'r bachgen Lleu, ei anrhegu â gwraig ei freuddwydion,
    yr un firain, farwol a'i chalon mor greulon â'r graig;
fe'i deallai hithau, yr un â'i chyfaredd yn fedd;
    y Flodeuwedd honno a gofleidiai ddynion hyd angau,
â'i bysedd i'w hewinedd yn wain, a phob ewin yn gledd,
    nes troi rhyfeddod y blodau yn blu a chrafangau.

Hwn â'i holl hud a'i holl ledrith oedd athrylith yr hil;
    hwn, na adawodd ei enw, dim ond ei ddewiniaeth.
Dychmygodd dair merch, ac esgorodd ar genedl yn sgil
    rhoi inni'r Franwen a wahanodd y ddwy frenhiniaeth,
a rhoi inni hefyd y Flodeuwedd ddisylwedd, ddi-serch,
    a Phryderi a'i fam, Rhiannon, ar gof ar femrynau;
a boed clod i'r mynachod am warchod chwedlau'r tair merch
    nes peri i'r pair ein dadeni heb fudandod o'i gynnau.

Dewi

Yn llwch y trowyd fy llais
o gyfaill; un a gefais
yn driw heb ei weld erioed;
llais a gefais yn gyfoed,
fy llais o gyfaill a oedd
yn feudwy, eto'n fydoedd.
Tawodd a fferrodd y ffôn;
rhewi'n iasoer un noson
o Ionawr; daeth distawrwydd;
trôi'n fudandod drafod rhwydd.
Gan ddileu ein dadleuon,
tawodd a phallodd y ffôn.
Canu, dirgrynu'n ei grud
a wnâi'n ffôn, yr un ffunud
â phren aethnen; bob wythnos
dôi'r hwyr â'r alwad o'r Rhos,
ond un noson o Ionawr
yr oedd, mwy, ddistawrwydd mawr.

Aeth wythnos yn wythnosau
heb ymgom rhyngom. Parhau
a wnâi'r ust drwy'r Ionawr oer,
noson ar noson iasoer
o dawelwch dialwad,
a'r rhew'n glo ar fryniau gwlad.

Siaradai Gymraeg y Rhos,
swniai'i Gymraeg mor agos
pan ffoniai; siaradai'r iaith
honno fel pe bai'n uniaith,
ond tawodd, fferrodd y ffôn,
rhewi llif yr holl afon
o sgwrsio gwâr; sigo iaith;
difa hud ei dafodiaith,
a thafodiaith fyw ydoedd,
iaith y Rhos, ond dieithr oedd
bellach. Y ffôn a ballodd
o fferru'i iaith. Ni chyffrôdd
unwaith drwy gydol Ionawr;
yr oedd, mwy, ddistawrwydd mawr,
a'r Ionawr o ddistawrwydd
yn merwino trafod rhwydd.

Y bardd swil y braidd sylwid
arno; ohono di-hid
oedd ein beirdd, a'i wyneb o
yn wyneb nad oedd yno.
Yn guddiedig y trigai
yn ei dŷ; o'i dŷ nid âi
ymhell; mynd ar ambell dro
yn unig oddi yno,
am mai'r Rhos oedd Cymru'i hun,
ei deyrnas o fewn dernyn
o dir, ei filltir o fyd,
un rhif yn ddaear hefyd,
rhif ei dŷ, yr Hafod wâr,
a'i dŷ yn fwy na daear.

Erioed ar un stryd yr âi,
un stryd drwy'i oes a droediai;
edefyn ei ystafell
rhag crwydro, mentro ymhell,
a'i tynnai'n ôl, a'r tennyn
yn asio dau'n agos-dynn.
O'i dŷ diogel gwelai
nesáu o'r nos; rhoi a wnâi
drem hir wrth i'r hwyr drymhau
drwy'r ffenestr ar y ffiniau.
Gwelai graig yn ddaear gron,
gwelai graig Dinlle Gwrygon
yn ffin, fel ffin y Ffennant,
yn ffin o fynydd a phant,
a than ddist ei lofft ddistaw,
gallai weld, ar orwel draw,
greigiau'r Felallt, yn alltud,
yn greigiau terfynau'i fyd.

A ffin oedd y ffôn iddo,
fel ffin ei gynefin o;
y ffôn a'i hamddiffynnai;
gwarchod ei swildod; nesâi
atom mewn ymgom min nos
yn ddiogel gudd o agos,
y Dewi swil a di-sôn
a gadwai i'r cysgodion.

Er bod iddo gymdogion,
nid un eu byd. Yn y bôn
meudwy oedd nad ymdoddai
yn rhwydd i gymdeithas rhai
a'i carai, fardd y cyrion,
a'i fyd disymud, di-sôn
amdano; meudwy unig;
enaid gwâr ar ddaear ddig.

Euthum unwaith, am ennyd,
i fewn i gyfoeth ei fyd;
croesi'r ffin dros y rhiniog
i fyd gwâr Hafod y Gog;
pob ystafell, llyfrgell oedd;
ei fyd a'i noddfa ydoedd;
encilfeydd llawn celfyddyd:
ystad bardd – artistiaid byd;
yn dŷ â'i lond o awen
dan bwysau'r holl lyfrau llên,
o fewn ei gartref hefyd
yr oedd beirdd, holl feirdd y byd
yn gyfan oll, ac fe wnaeth
fyd eang o'i feudwyaeth,
fy llais o gyfaill a oedd
yn feudwy ac yn fydoedd.

Aeth mis yn ddau fis, yn fwy,
a mud oedd yntau'r meudwy:
llond Ionawr o ddistawrwydd,
clo Chwefror ar eirio rhwydd.
A phoenem. Pam na ffoniai?
Ymhle'r oedd, ymholai rhai
ohonom, ai dihoeni
a wnaeth, ffarwelio â ni,
a neb o'i ffrindiau'n gwybod
fod awr Dewi wedi dod?

Chwilio'r we, amryw leoedd,
ond sôn amdano nid oedd
yn unman; gair i'w ganmol
ni roddai'n beirdd; neb o'i ôl
yn malio; yr ymylon
a hoffai ef, bardd y ffôn
oedd erioed, bardd ar wahân;
o'n gŵydd fe âi i'w guddfan,
a'r gŵr swil rhag yr oes hon
yn celu'n yr encilion.

Tawodd a pheidiodd y ffôn:
ni allai ei gyfeillion
ddeall paham y pallodd,
pwy fyth a wyddai pa fodd
y peidiodd? Pam, ai pwdu?
Am beth? Pa reswm y bu
i huodledd llais rhadlon
Dewi ddistewi yn stond?

Tawodd a phallodd y ffôn,
tawelodd er bod dwylo'n
barod bob awr i'w godi
at glust, i'w goleuo hi
gan loywder ei leferydd,
llais cyfaill, y cyfaill cudd,
ond pellhau mae lleisiau'n llwyr
unwaith y diffydd synnwyr.

Un min nos fe glywsom ni
fod diwedd ar fyd Dewi
wedi dod; mudandod oedd,
lludw o gyfaill ydoedd;
diwedd nad oedd onid un
a wyddai mai diweddu'n
ddi-nod feudwyaidd a wnaeth
yn ei wely; marwolaeth
heb neb yn wyneb ei nos
o unigedd yn agos.

Tawodd, diffygiodd y ffôn:
dilëwyd y dadleuon
rhyngom. Ni fynnai'r angau
i'r ymgom rhyngom barhau.
Mor ddi-ddweud oedd y meudwy,
nid oedd rhyngom ymgom mwy,
ac mor fawr y distawrwydd
â'r ymgom rhyngom mor rhwydd.
Â dawn dweud yn dawedog
di-gân oedd Hafod y Gog.

Tawodd a ffaelodd y ffôn
yn chwap; â'r glaw yn chwipio'n
drwm ar ffenestr, mae'r ffonio
rhwng dau yn sgyrsiau dros go'.
Draw'n y Rhos, estron yw'r iaith,
a'i Hafod yn anghyfiaith.

Roedd oerfel Mawrth ar ddarfod
a dydd o wanwyn yn dod,
a gwlad a gedwid dan glo
mor ddiffrwyth, mwy, ar ddeffro;
deffro, ond iddo nid oedd
deffro'n dod; nid ffrind ydoedd
rhagor ond caenen fregus
o lwch; gwasgarwyd fel us
eiriau ein cyfeillgarwch;
estron y llais, o'i droi'n llwch,
un llawn siarad bob Sadwrn
yn llwch yn nhawelwch wrn.

Mae'r llais yn pylu eisoes,
ond eto, darfod nid oes:
ni all llais ddistewi'n llwyr,
atseinia hwnt i synnwyr
yn rhywle, fel yr alwad,
a glywn o bellafion gwlad.
Ni all un wrn na ffwrnais
ddileu cyfaredd ei lais
na'i acen, a bydd eco
lleferydd cudd yn y co',
llond y cof o eco, fel
iaith nad yw byth yn dawel.

Nid wyneb ydyw ynof:
ei lais a gefais yn gof,
ac i'w gofio fe droais
yn wedd felodedd ei lais.

Fel y dôi'r holl flodau haf
i wthio o'r pridd, er gwaethaf
cilio o'i awen, fe'i clywais
lond clyw, nid eco o lais.
Yn drist o'r Rhos y daw'r hwyr
â'i lais annwyl i synnwyr,
a chlywaf uwchlaw awel
effro o wynt ei ffarwél,
ac eilwaith yn y galon,
yn ddi-ffael, canodd y ffôn.

Cywydd er cof am y bardd Dewi Stephen Jones, awdur *Hen Ddawns* a
Ffynhonnau Uchel, a dwy gyfrol ar farddoniaeth Bobi Jones yng nghyfres Llên
y Llenor. Bu farw ar Ionawr 14, 2019, ond ni chlywais am ei farwolaeth tan
ddechrau mis Mawrth.

I Nel ar ei phen-blwydd yn 18 oed

(Mehefin 12, 2019)

Â ninnau'n colli'n heniaith yn raddol,
 mor brudd oeddem unwaith,
 heb neb i hybu ein hiaith
 na neb i hybu'n gobaith.

Fe aeth ein cenhedlaeth ni yn ddi-her,
 ddi-hid; i'n disodli
 fe ddaeth ei chenhedlaeth hi
 â thân a gobaith inni.

Dileu iaith cenedlaethau a wnaethom;
 rhag lladd iaith y tadau,
 deil ei thir, genhedlaeth iau;
 dal iaith yr hen dylwythau.

Fel Nel, mor gyflawn eilwaith yw'r Gymraeg,
 mor iach, mor llawn gobaith,
 mor llawn o'r haf a'i afiaith,
 a deunaw oed yw ein hiaith.

Deunaw rhyddhau'r adenydd i adael
 nyth glyd ei boreddydd
 am fan draw; deunaw yw'r dydd,
 a'r deunaw'n llawn llawenydd.

Hi yw afiaith Mehefin; y Gymraeg
 ym mhridd ei chynefin,
 a'r Gymraeg, mwy, yw'r egin,
 lle bu gynnau'r gwreiddiau'n grin.

O'i geni ddydd Gwenllian y ganed
     y genedl ei hunan
yn ifanc ac yn gyfan
eilwaith, a gobaith yw'r gân.

2019: R.I.P.

Yn ei harch fe'i claddwn hi, ac â'i harch,
     â'n gwarth yn ei llenwi,
   mynnwn, dan bridd a meini,
   gladdu'n holl gywilydd ni.

Mai 2020

Ni bu erioed Fai mor braf â'r Mai hwn;
     hwn yw'r Mai addfwynaf,
   a'r Mai hwn sy'n drwm o haf
   eleni yw'r creulonaf.

Er Cof am Dai Rees Davies, Rhydlewis

(aelod o Bwyllgor Barddas am flynyddoedd lawer, gwerinwr diwylliedig a gŵr bonheddig; enillodd gystadleuaeth yr englyn ysgafn yn y Brifwyl droeon)

Fe wnaeth ef yn eithafol o lawen
    Rydlewis a'i phobol
    â'i ddawn a'i awen ddoniol:
    Rhydlewis drist ar ei ôl.

Er Cof am R. O. Williams

(aelod brwd o ddosbarth nos ar y gynghanedd a oedd gen i yn y Bala yn y 1970au)

Wrth ddwyn fy nosbarth unol eto i go',
    heno mae'n wahanol
    o'i fod o un hanfodol
    yn brin. Mae Robin ar ôl.

Y Ddaear

Ni wrandawai ei phlant ar ei phle, ei chri am drugaredd:
    fe'i niweidiem â mwg ein trafnidiaeth, ei halogi'n ddi-hid.
Gwenwynem ac amharchem hi, nes ennyn cynddaredd
    y ddaear a oedd ar drugaredd ein llygredd a'n llid.

Fe wnaethom yr un math o niwed i'r blaned o'r blaen:
    tyllu i'w pherfeddion, hithau'n gaeth i fandaliaeth Dyn;
chwilfriwio ei choed a'i chaeau, cerfio enwau ar faen,
    a gollyngodd ei haint i'w gwella o'i hingoedd ei hun.*

Trwy atal ein trefn a'n trafnidiaeth, trwy geryddu'n gwareiddiad,
    y mae heddiw eto yn chwilio am beth iachâd,
gan ddial ar bob un o'i phlant, cosbi pob mamleiddiad,
    am ei threisio a'i chreithio a'i hanrheithio, am ein holl sarhad.

Nid y ddaear sydd ar ein trugaredd, ond, yn hytrach, ni,
ddifawyr y ddaear, sydd ar ei thrugaredd hi.

* Pandemig 1918, a laddodd hyd at 50 miliwn o bobol.

Cadoediad

Ni fu'r gwledydd erioed mor glòs. Rhaid oedd brwydro ynghyd
    yn erbyn gelyn mor gudd, yr un a lofruddiai
filoedd ar filoedd o bobloedd hyd gyrion y byd,
    y llofrudd anweledig, llwfr, y gelyn a guddiai

yn llechwraidd ymhob twll a chornel, y gelyn a'n gwyliai
    heb inni ei weld, heb ddod wyneb yn wyneb â ni;
y gelyn dirgel nad ergyd o'i wn a'n disgwyliai;
    y gelyn na hidiai ein galar, na wrandawai ein cri.

Cadwodd y milwyr eu gynnau a'r brawychwyr eu gwregys
    o wifrau a ffrwydron: osgowyd pob gelyniaeth yn sgil
y rhyfel annisgwyl a'n daliodd mewn brawdoliaeth fregus.
    Ciliodd yr haint ar ôl hawlio cyfran helaeth o'r hil:

un haint yn llenwi'r mynwentydd ac yn difa Dyn,
cyn i Ddyn ailgychwyn y gwaith o'i ddinistrio ei hun.

Er Cof am Aures

Cadwodd ei gwên gynhenid er galar,
    er gwaeledd a gwendid;
   un dawel oedd a di-lid,
  ac addfwyn fel y gwyddfid.

I Jeff Towns

(i ddathlu 50 o flynyddoedd o wasanaeth fel llyfrwerthwr)

Llyfrau a aeth â'i holl fryd ef erioed;
    llyfrau yw ei fywyd;
    hwy'n ifanc, yn hŷn hefyd,
    a fu'n cyfannu ei fyd.

Huliodd o'n blaen gynhaliaeth, a'i werthoedd
    yn porthi'n treftadaeth;
    rhannu o'i fodd lyfrau'n faeth:
    i ddarllenydd, rhoi lluniaeth.

Mewn print y mae ein parhad; ein hanes
    cynhenid mewn rhwymiad
    a roes i ni oroesiad:
    rhwng dau glawr ehangwyd gwlad.

Arf lleiafrif yw llyfrau; yn gadarn
    y cydgodwn ninnau
    gaer o gerrig â'r geiriau,
    i hybu'r iaith, i barhau.

Am warchod gwlad rhag tlodi meddyliol,
    ac am ddal i noddi
    ein llên, mae'n gyfaill inni:
    y mae'n un ohonom ni.

Byd Dieira Tristan

Ni welodd fy ŵyr, er cyrraedd ei bedair oed,
    ryfeddod eira erioed yn ail-greu'r hen dirweddau;
ni welodd mohono'n llurgunio canhwyllau ar goed,
    nac yn cau llidiardau yn dynn, nac yn chwyddo llechweddau.

Ni welodd mohono'n unffurfio pob clawdd a pherth,
    na'i dewdra'n gorchuddio dodrefn y coed fel blancedi
claerwyn, fel pe bai rhywun wedi rhoi'i dŷ ar werth,
    neu rywun, i gael gwared â llwch, ar fin curo carpedi.

Ni welodd mohono'n gweu menig i'r brigau ar bren,
    nac yn gweu llewys gwyn, nes bod breichiau'r canghennau ynghudd,
neu'n gweddnewid pob gwiddan wyw yn angyles wen,
    a'i wyndra yn ffrwydro drwy'r llygad ar doriad y dydd.

Y mae'r hen ryfeddodau'n prinhau, yn lleihau o hyd,
wrth inni anrheithio'r ddaear, wrth inni orboethi'r byd.

Diddanwyr Cenedl

1. Wynford Ellis Owen

Brwydraist a chefaist iachâd; i eraill,
    o'r herwydd, adferiad
  a roddaist; hawliaist wellhad:
  iacháu eraill â chariad.

2. Mici Plwm

Mae'n gyrru'r plant yn wantan, a phlentyn
    ffôl yw yntau'i hunan:
  nid yw myrdd funudau mân
  amser yn newid Plwmsan!

3. John Pierce Jones

Ei rym ym myd y ddrama yw Picton;
    pa actor a'i trecha,
  a phle cystal drwy Walia
  â Môn am actorion da?

Yr Athrawes a'r Plant

Safai'r athrawes ifanc i dynnu ei llun,
    â'i breichiau'n llawn blodau, yng nghanol y môr o blant,
y plant y bu yn eu dysgu i gyd wedi hel
    ynghyd, ar brynhawn o haf, ei phrynhawn olaf un
yn yr ysgol; safai'n eu canol, cryn hanner cant
    o'i chwmpas, a blodau'i phriodas oedd blodau'r ffarwél.

Llithrodd y blynyddoedd heibio yn slei fesul un
    ar ôl iddi hi ymddeol, ac, yn fam i ddau,
weithiau dyfalai'r athrawes beth a ddaeth o'r rhai
    a fu, am dair blynedd, yn blant iddi hi ei hun;
ond collodd y llun, ac wrth i'r blynyddoedd bellhau,
    âi'r cof am y plant, gydag amser, yn llawer iawn llai.

Un diwrnod agorodd ddrôr, a chanfod y llun;
    rhythai'n hiraethus arno, ac ar ôl petruso
am eiliad, rhag codi bwganod, ei roi ar y we
    gan obeithio cael rhywun, hyd yn oed pe na bai'n ddim ond un,
i ymateb i'r llun, wedi iddi ei esgeuluso
    gyhyd, a'i roi'n rhywle o'r neilltu, ond na wyddai ymhle.

Cafodd ateb gan ddwy, a daethant un dydd, ar wahoddiad,
    i'w chartre', i ymweld ag athrawes y maldod gynt:
daethant yn ôl o'r gorffennol, yn wahanol, yn hŷn.
    Sonient am eu hoffter ohoni, ac am ei hymroddiad,
ond trist oedd y ddwy wrth iddi holi am hynt
    a hanes y plant annwyl hynny a fu'n llechu'n y llun.

Clywodd am y modd y llofruddiwyd gan ei gŵr meddw
    un o'r merched y bu yn eu dysgu, ac fe laddwyd un

gan gar a dynnodd, ar wib ddirybudd, o'i blaen.
    Gadawyd un arall o ferched ei dosbarth yn weddw
ifanc, i fagu teulu ar ei phen ei hun.
    Bu i un ei distrywio ei hunan dan ormod o straen.

Fel agor rhyw flwch Pandora, fel datgloi rhyw gist
    a oedd yn llawn o felltithion, oedd hanesion y ddwy,
rhyw gist yr oedd amser a'i gastiau ynddi hi ynghudd,
    a thrasiedi'r rhain a droes yn athrawes drist
yr athrawes a fu gynt mor llawen, am na welai mwy
        mo'r plant a ollyngwyd o rwyd y gorffennol yn rhydd.

Diogel cyn i fywyd agor rhyw ddôr i'w rhyddhau
    oedd y plant, dan glo; cyn i amser eu llarpio o'r llun
a'u gyrru ar wasgar o'r ysgol, eu gadael i gyd
    i wynebu rhyw dynged felltith, rhag i'r rhith barhau,
wynebu rhyw ffawd ddieflig na phroffwydai'r un
        ohonynt y dôi i'w gwahanu, wedi oedi gyhyd.

Maen nhw'n gwlwm o ddiogelwch yn y llun o hyd,
    yn glyd ac yn llawn disgwyliadau yn llawenydd y llun,
llawn gobeithion a llawn o freuddwydion, cyn agor y ddôr
    a'u gollyngodd o'r llun, a'u gwasgar i bedwar ban byd,
a dim ond y llun a'u deil am un eiliad yn un.
    Rhoddodd hithau'r llun yn ôl drachefn yn y drôr.

Rhagfyr Cenedl

(Etholiad Cyffredinol mis Rhagfyr 2019)

Mis drwg ydyw Rhagfyr i genedl sydd yn rhygnu byw:
    un Rhagfyr a fu, fe'i hyrddiwyd oddi ar gyfrwy ei farch;
    torrwyd ei ben i'w arddangos ar y tŵr di-barch,
ac ymborth i'r cigfrain yn Llundain oedd llygaid ein llyw.

A'r Rhagfyr hwnnw â'i farrug a'i iâ a ferwinodd
    galon gwehelyth, ein fferru yn gelain gorn,
    ac yn dalpiau o rew; a'r genedl, heb barhad, yn sgorn
i genhedloedd y byd, a'r enaid, fel y galon, a grinodd.

Daeth gaeaf arall, a Rhagfyr arall, a'i frain
    yn heidio o Lundain eto i ysglyfaethu
    yn foethus ar fethiant o genedl, a'n Cof yn eu maethu,
ond, heb law waedlyd, y bleidlais oedd erfyn y rhain.

Ac fe glywsom o Fynwy i Fôn sŵn ymdaro'n y deri,
fel sŵn rhwyg yr un Rhagfyr hwnnw yng nghyffiniau Cilmeri.

I Ffion ar ei phen-blwydd yn naw oed
(Gorffennaf 9, 2020)

Paid ti â phoeni, Ffion, na chwerwi
  am na cheir trwy gyrion
 Abertawe bartïon –
 un annheg yw'r flwyddyn hon.

Ffarwelio, ffoi i rywle a wna'r haint,
  a rhown, tua'r hydre',
 barti i ti'n Abertawe,
 a bydd llawenydd drwy'r lle.

I Tristan ar ei ben-blwydd yn bedair oed
(Awst 7, 2020)

Un arswyd noeth, Tristan, yw dy ben-blwydd
    gan dostrwydd a distryw,
  ninnau ar blaned ledfyw
  yn diawlio, melltithio Duw.

Awst oer ac anystyriol ydyw hwn
    er dyheu'n angerddol
  y daw'n hen Awst inni'n ôl,
  Awst arall, mwy tosturiol.

Ac Awst mor llawn o gystudd, llawenhau
    ni all neb, oherwydd
  ein planed gan syrffed sydd
  yn blaned heb lawenydd.

Trasiedi'n hoes, Tristan, yw anurddo'r
    ddaear werdd; trwy'n distryw
  y llygrwyd holl gread Duw:
  dinistrio'r byd â'n hystryw.

Treisio ein cartre' oesol; andwyo'n
    daear yn wastadol;
  mygu ag aer cemegol
  bob bryn a dyffryn a dôl.

Ond mae'r blaned yn bedair oed fel ti
    i ti, yn fyd diwair:
  planed megis glain disglair
  i ti yn grwt, nid hen grair.

Mae'r blaned i ti'n Eden; i ninnau
　　　mae'r blaned ar orffen;
　　i ti, mae ein cread hen
　　yn gread llawn gorawen.

Eden o ryfeddodau yw'r Eden
　　　bedair oed, a ninnau,
　　heb Eden i'n bywydau,
　　yn rhygnu, rhygnu barhau.

Pedair yw pob pioden yn yr ardd;
　　　pedair yw pob deilen;
　　pedair oed yw pob coeden;
　　pedair oed, nid pwdwr hen.

Llawen yw dy Eden di, a llawen
　　　yw'r lliwiau sydd ynddi;
　　â'r sarff fel aflwydd drwyddi
　　aflawen yw'n Heden ni.

Stori yw Awst ar ei hyd; stori drist
　　　a'r drwg yn ein bywyd
　　yn drech na llawnder iechyd
　　a threch na'r lledrith a'r hud.

Stori'r hen fleiddiast a'r wrach, y fleiddiast
　　　o hen flwyddyn afiach
　　y mae'i chreulondeb mwyach
　　yn fedd i'r Hugan Goch Fach.

Ni yw'r prae yn dy straeon, Eira Wen
    â'r rhew ar ei chalon
  ar ôl yr afal creulon –
  hen widdan yw'r flwyddyn hon.

Â'th ddewiniaeth wahanol, rhoist i ni,
    Tristan, well dyfodol,
  a rhoi i ni'n barhaol
  blaned ddiniwed yn ôl.

Yn dy fyd hyfryd dy hun, arhosa;
    paid â chroesi'r terfyn
  i fyd ffôl yr oedolyn,
  byd ynfyd, dihawddfyd dyn.

Nid Awst oer llawn distawrwydd mwy yw hwn;
    am hynny, heb aflwydd,
  dathled y blaned ben-blwydd
  fy ŵyr ar Awst cyfarwydd.

Y Rhodd

(i ddiolch i Ann Parry Owen am ei chymorth a'i haelioni)

Awdlau hen a ddadlennodd; o afael
    llawysgrifau tynnodd
  gywyddau, a datguddiodd
  drysorau'r oesau yn rhodd.

Gwarchod ein hanfod a wnaeth; gwarchod Cof,
    gwarchod cyfoeth helaeth
  cenedl nad yw'n genedl gaeth
  a hi'n ennyn hunaniaeth.

Gwarchod holl lên yr heniaith, a gwarchod
    pob gorchest a champwaith;
  o'r testun, creu artistwaith:
  gwarchod, rhag mudandod, iaith.

Gollwng awdlau'r oesau'n rhydd o'u celloedd
    rhag colli'n dragywydd
  eu hawen; ac i'r cywydd
  astrus ei iaith, ystyr sydd.

Hen awen a ailwnïodd; hen awdlau
    rhydlyd a ail-loywodd;
  hen nawdd a adnewyddodd;
  bywhau'r traddodiad o'i bodd.

Trwy ail-greu ein dechreuad, rhoes i'w thras
    iaith ddrud ei goroesiad:
  rhoi ddoe'n rhodd, yn wareiddiad,
  a bu'r rhodd i ni'n barhad.

I Handel Jones

Mewn byd cigyddlyd a gâr ymrafael,
    mor rhyfedd i'r ddaear
gael un annisgwyl o wâr,
annisgwyl gymwynasgar.

A'i lais yw'r llais melysaf; llais mirain,
    llesmeiriol; sŵn llyfnaf
y môr, neu fwrlwm araf
afonydd ar hirddydd haf.

Yr Ieithydd

(i Steve Morris, ar achlysur ei ymddeoliad o Brifysgol Abertawe, 2020)

O'i fodd fe ddysgodd ei iaith i'r rhai hŷn,
      i'r rhieni uniaith,
   a rhoi, wrth ymroi i'w waith,
   i oedolion wlad eilwaith.

Estron yw'n cystrawen ni, hithau'r iaith
      ddi-raen yn dihoeni;
   diurddas yw'n baldorddi,
   bratiaith anghyfiaith yw hi.

Ei oes a roes i'w thrwsio; rhoi'i fywyd
      i'w chryfhau a'i chweirio;
   rhoi ei oes rhag ei threisio
   i adfer ceinder y Co'.

Ail gyfle rhag dilead a roddodd;
      hyrwyddo'n goroesiad;
   darparu, hybu parhad –
   olyniaeth rhag diflaniad.

Parhad

(i Janice, ar ben-blwydd ein priodas, 44 o flynyddoedd, Hydref 23, 2020)

Dolen dynn a'n daliai'n dau yn ifanc;
      bu'n gryf drwy'n holl ddyddiau;
  erbyn hyn mae fel ninnau
  yn hŷn, ond eto'n cryfhau.

Mae gennym ŵyr ac wyres; maent ynom
      yn tywynnu'n gynnes:
  tynnant ni eto yn nes,
  tynnu henaint o'n hanwes.

A ninnau'n ein penwynni'n daid a nain
      i'r rhain, er gwirioni,
  creulon yw'n digalonni,
  creulon yw'n heneiddio ni.

Gofynnaf, holaf pa faint o'u heinioes
      a rannwn? Nid cymaint
  â hanner, ond i'n henaint
  ingol-wefreiddiol yw'r fraint.

Yn y rhain mae ein parhad; yn y rhain
      mor gryf yw ein cariad:
  wyrion yn hau'r un hen had,
  wyresau yn oroesiad.

A thrwy ffrwyth eu pren hwythau y parhânt
    wrth i'r pren droi'n brennau:
  onid oes i briodas dau
  oesoedd o briodasau?

Calon ifanc lawn afiaith oedd inni;
    drwy'r ddau hyn, yn obaith,
  calon sy'n ifanc eilwaith
  ynom sydd. Dedwydd fu'r daith.

Os hen yw'r ddolen i'r ddau ohonom,
    os hen yw ein dyddiau,
  ac os hen hen gusanau,
  y mae'r galon eto'n iau.

Dyna'r drefn. Mae'n hydref ni yn wanwyn
    sy'n dwyn pob dadeni,
  a'r drefn, er ei hanhrefn hi,
  yn drefn nad eir i'w hofni.

Dail ir yw dail dolurus yr hydref
    er eu hoedran bregus:
  hydref aur modrwy ar fys,
  hydref aur ar Dreforys.

Er Cof am Margaret Rees Owen

(a fu farw yn 103 oed ym mis Hydref, 2020)

Byw yn hŷn na phawb a wnaeth; o'r herwydd,
    parha'r brofedigaeth
  a'r galar; dyfnha'r hiraeth
  fwy a mwy am fam a aeth.

Nadolig 2020

Trwy anial ein trueni, â'r tri gŵr
    trugarog yn gwmni,
  Seren y nos, arwain ni
  at ogoniant y Geni.

Stori

A ddaeth o'r dirgel angel glân
    i ddweud wrth Fair fod Duw
wedi ei rhoddi ar wahân
    i famau'r ddynol-ryw
trwy'i dewis hi i eni'r Un
a fyddai'n fab i Dduw ei hun?

Ai diogel yw mai'r Ysbryd Glân
    a roddodd fab i Fair,
a gwyry'n magu esgyrn mân
    ar gyfer geni'r Gair?
Ai hawdd yw credu nad oedd crud
ar gyfer y fath drysor drud?

A safodd seren fry yn stond,
    y seren glaerwen, glir,
a oedd i'r tri'n oleuni lond
    y nef, ar siwrnai hir,
siwrnai i roi trysorau'n rhodd
i'r baban bychan hwn o'u bodd?

Efallai nad yw'r stori'n wir,
    ond heb ei glendid hi,
a neb ond Herod yn y tir,
    beth a'n hwynebai ni?
Dim ond y rheibio heb yr hud,
a'r gwagio creulon ar bob crud.

Rhag Herod deyrn, rhoi cariad Duw
    i ni yn rhodd a wnaeth
awduron stori fythol fyw
    y geni, a pha waeth
ai gwir ai anwir ydyw hi:
iachaodd a glanhaodd ni.

Y Rhith yn y Wledd

(ffarwelio â 2020 ar ddydd Calan, 2021)

'A ddwg y ddrychiolaeth i'r wledd a'r ffantom i'r ffair'
'Propaganda'r Prydydd', R. Williams Parry

Siriol y canai'r seiri; chwibanent
    uwchben y beddfeini
  alawon wrth gydloywi
  ei harch at ei hangladd hi.

Hanner nos yn agosáu; trawai'r cloc
    trwy'r clyw ei guriadau,
  ond peidiodd ei dipiadau
  ac arch y flwyddyn ar gau.

Ar goed roedd sŵn ergydio; sŵn cloi arch
    fel sŵn cloc yn taro;
  sŵn cloc fel sŵn y cnocio
  i gau'r arch uwch pridd a gro.

Rhyddhad o'r eiliad yr aeth a deimlem;
    wylem uwch marwolaeth
  yr hil drwy'r ddaear helaeth:
  ni welodd neb flwyddyn waeth.

Huno a wnaeth. Clywem neithiwr eco'r cloc
    ar y clyw'n llawn dwndwr,
  eco taro coed derw'r
  arch fel eco'r taro o'r tŵr.

Galan yn ôl, disgwylid i flwyddyn
    orfoleddus newid
  y ddaear, â'n haddewid
  i'w hiacháu'n lleihau ei llid.

Ond i'r wledd a'r gyfeddach y llynedd,
    i dai llawn ysbleddach,
  daeth burgyn claf ac afiach,
  daeth melltith yn rhith hen wrach.

Hen wrach â'i chroen yn rhychu; drychiolaeth
    drwy'i chalon yn gwaedu;
  gwichlyd oedd o dan gochl du
  a'i mwgwd yn ei mygu.

Yn ceulo'r gwaed ddydd Calan, ai argoel
    oedd y burgyn aflan,
  argoel yng ngolau'r lloergan
  y dôi aflwydd rhwydd i'n rhan?

Safai a phwyntiai'r ffantom, yn sarrug,
    fys hir tuag atom
  ni, fin nos, ond cefnasom
  ar goel gwrach â'r wegil grom.

Y ddaear hon oedd y rhith yn y wledd;
    daeth â'r flwyddyn felltith
  fel llafn dur pladur i'n plith
  i'n dwyn fel cnwd o wenith.

Nid baban ond crymanwr a aned
yn Ionawr, medelwr
a dorrai, fel pladurwr
angau, y caeau o'u cwr.

Dihitio'n ein diota oeddem ni;
diofid o'i difa;
difater wrth gydfwyta
o'r ddaear, y ddaear dda.

Ciliodd ar ôl y Calan; ni welwyd
y ddrychiolaeth aflan
o wraig a fu'n darogan
y dôi tostrwydd rhwydd i'n rhan.

Ym Mawrth fe welem erthyl, yr un rhith,
yr un wrach deneugul
yn ubain, yn gelain gul,
a'n hamwisg yn ei hymyl.

Trwy furiau tenau ein tai â'i cheg led
agored yn garrai
o lafoer gwyrdd y sleifiai
i'n mysg yn Ebrill a Mai.

A huriodd y gyhyraeth hen heliwr
ein hil, a Marwolaeth
â phladur o ddur a ddaeth
i hela'r holl ddynoliaeth.

Sŵn pladur brysur a brwd a glywem;
     sŵn llafn gloyw'n siffrwd
     yn nhes Ebrill, sŵn sibrwd;
     sŵn pladur brysur heb rwd.

Y flwyddyn fwystfileiddiaf o ddigon
     a ddygodd gynhaeaf
     llwythog cyn pen Gorffennaf,
     cywain yr hil cyn yr haf.

Y ddaear a'n carcharodd; ysbytai
     a thai a'n caethiwodd;
     i'w ffau y bwystfil a ffodd,
     a'r ddaear a'n rhyddhaodd.

Ciliodd yr haint. Claddai'r hil ei meirwon
     am hir, nes i'r bwystfil
     hwn o flwyddyn, fel eiddil
     nychlyd, ddychwelyd yn chwil.

Â'i llid cyn waethed â'r llall, a ninnau
     eto'r un mor angall,
     i wasgfa'r ddaear yn ddall,
     yn awr daeth blwyddyn arall.

Ac i'r ŵyl eto'n greulon, i Galan
     golau ein gobeithion,
     y daeth y gyhyraeth hon,
     a daeth yn llawn melltithion.

Ymwthiodd, treiddiodd trwy hud pob addurn,
 a'i hesgyrn yn ysgwyd;
 sleifiodd drwy'r tinsel hefyd
 yn rhith, yn felltith ar fyd.

Daeth yn ôl fel drychiolaeth tad Hamlet;
 teimlem ofnadwyaeth
 yn cydio'n y galon gaeth
 oherwydd y gyhyraeth.

Osgoi'i threm ni allem ni, na dianc
 o'n meudwyaeth rhagddi,
 ac o bell draw'n y gelli
 clywem sŵn ei helgwn hi.

Â'r mwgwd oer, dirmygus ar ei gwedd,
 a'r gwaed ar ei gwefus,
 daeth eto, gan bwyntio bys,
 i ddifetha'n gwledd foethus.

Troesom â'n llanast plastig, a niwed
 ein nwyon gwenwynig,
 a'n ffwrnais o fyd ffyrnig,
 ddaear wâr yn ddaear ddig.

Yn fam i blant mor wamal, cafodd nwy'n
 llawn gwenwyn am gynnal
 ei phlant; diwydiant yn dâl;
 mwg afiach am ei gofal.

Â'i phlâu y cosbai ei phlant, cyn maddau,
       trugarhau fel rhiant,
    a'i maddau hi, ddant am ddant,
    yn ddial o faddeuant.

Er ein hamarch, ein gwarchod a wnâi hi;
       rhôi'i chynhaeaf parod
    faeth i'r ddynoliaeth ddi-nod:
    maddau'i chamwedd â chymod.

Yn drahaus, ni a'i drysodd; holl hagrwch
       ein llygredd a'i ffwndrodd;
    ni yw'r rhai a'i sarhaodd,
    sarhau'i chymwynas a'i rhodd.

Mae weithiau uwch ein methiant yn lledu
       ei llid a'i difodiant,
    ac weithiau'n llawn maddeuant:
    mympwyol yw mam y plant.

Y fam galed, garedig; y wrach hyll,
       y ferch hardd, osgeiddig;
    mam lariaidd a mam loerig;
    y ddaear faddeugar, ddig.

Rhodd yw'r ddaear, addewid i'r oesoedd
       parhaus y cynhelid
    ein byw ni trwy bob newid
    er i ddyn fod mor ddi-hid.

I'w warchod rhag troi'n dlotyn digardod,
   a'i warchod rhag erchwyn
anobaith, rhag pob dibyn,
rheidrwydd yw cariad ar ddyn.

Y Wraig Wâr

(er cof am Sibyl Thomas, cymdoges inni, a fu farw'n sydyn ar drothwy Nadolig 2020)

Fe allai wneud cyfeillion yn rhwydd iawn
       â'i ffordd ddwys, dwymgalon,
   ond i'r wraig wâr, hawddgar hon,
   anodd oedd creu gelynion.

Agos oedd hon, nid ffraegar; nid agos
       gymdogol, ond hawddgar
   o agos a maddeugar;
   Sibyl ddigweryl a gwâr.

Ni fyddai, pe bai pob un ohonom
       fel hon, neb i'n herbyn,
   na'r un rhyfel na gelyn,
   dim ond byd hyfryd, cytûn.

Â'n gŵyl lawen yn glaear, gŵyl lawn hwyl
       yn ŵyl lawn o alar,
   aeth ein rhes gynnes a gwâr
   yn rhes wag anghroesawgar.

I Wyn Thomas

(ar ei ben-blwydd yn 80, Ionawr 2021)

Ar fyw gwâr bro'i fagwraeth a'i haberth
  rhag rhaib cyfalafiaeth,
  ac ar bres prin gwerin gaeth,
  y seiliodd ei sosialaeth.

Aeth streic hir Bethesda'r co' i'w enaid,
  ac mae'n rhan ohono,
  â'i gwŷr dewr, gwâr, diwyro:
  y streic yw ei ystyr o.

Y Pair Dadeni

(i Iwan Bala, i ddiolch iddo am roi un o'i luniau inni'n rhodd)

'Wrth feddwl am y peth, mae'n dod yn fwy amlwg i mi fy mod wedi treulio rhan helaeth fy mywyd ar ynys Gwales. Wrth ddweud hynny, hoffwn feddwl mai celf brotest yw fy ngwaith – ymgais efallai i roi siâp a llun i straeon Pen Brân; celf sy'n efelychu rhinweddau'r pethau yr ydym ar fin eu colli trwy golli diwylliannau lleiafrifol. Nid cenedlaetholdeb cul mo'r sbardun, fel y tybia llawer, ond celf sy'n gwneud safiad yn erbyn cydymffurfiaith Eingl-Americanaidd, y "globaleiddio" sy'n ddim byd mwy na sathru ar bopeth gwahanol, gwreiddiol.'

Iwan Bala yn *Hon, Ynys y Galon: Delweddu Ynys Gwales*

Aeth y saith rhag diffeithwch dwy ynys
    dros donnau at heddwch
    rhyw fyd coll. Rhwyfwyd y cwch
    i Wales a'i thawelwch.

Aethant i fyd lledrithiol, i ynys
    y llawenydd oesol;
    ffoi yno o'u gorffennol
    a'u hynt a'u helynt o'u hôl.

Yn nhes hir yr ynys hon nid oedd gwae,
    nid oedd gaeaf creulon,
    na dinistr o waith dynion;
    sŵn nid oedd ond sŵn y don.

Yn nhes Gwales disgwylid i arogl
    yr erwain a'r gwyddfid
    wagio'r cof o bob gofid,
    glanhau calonnau o lid.

Ym myd afreal Gwales y trigent
        rhagor, heb na gormes
    na henaint, Cof, na hanes
    yng nghryndodau tonnau'r tes.

Cyfeddach oedd Cof iddynt; a rhith tarth
        y tes fel hud arnynt;
    heb wreiddiau, byw yr oeddynt
    mor rhydd dragywydd â'r gwynt.

A phen Brân a'u diddanai yn ysgafn
        hyd gwsg, ac ni fynnai
    un antur, mwy, â'i fintai
    a'u dewrder yn llawer llai.

Meddw oedd eu hymddiddan; ymgomio
        gwamal drwy'r dydd cyfan;
    yfed medd a gorweddian,
    rhannu myrdd o straeon mân.

Â'u gwlad yn anweladwy, beth i'r saith
        fod yr iaith ar drothwy
    rhyw ddilead ofnadwy?
    Ni hidiai'r saith am iaith mwy.

Dedwydd oedd eu halltudiaeth, a hyfryd
        oedd anghofrwydd helaeth
    y saith gŵr, a'u harwriaeth
    o gof yn angof a aeth.

Am flynyddoedd, saith oeddynt, yna daeth,
    un dydd, dros y cerrynt
wythfed gŵr i'w rhithfyd gynt,
a mwy nid saith mohonynt.

Artist oedd. I'r tes y daeth i yfed
    o gof a chwedloniaeth
ei hil, a'i chyfoeth helaeth;
cael, i'w luniau, fythau'n faeth.

Ac yn nhes Gwales yn sgil ei awydd
    i gryfhau'i wlad eiddil,
turiodd hwn at wreiddiau'i hil
i fapio Cof ei epil.

Er ei heddwch a'i rhyddid, yno'r oedd
    un drws y gwaherddid
ei agor ef, oblegid
cuddiai tu ôl iddo lid.

Drwy osgoi'r drws agored yr osgoid
    pob trais gwyllt, pob colled;
osgoi pob briw a niwed.
Ai gwir oedd hynny o gred?

Nid Heilyn ond deheulaw hwn a drodd
    ddwrn y drws anhylaw,
a thrôi'r artist, yn ddistaw,
ei drem tua Chernyw draw.

Gwelodd y pair dieiriau, pair â'i dân
    Prydeinig yn cynnau
dano i'n geni ninnau
heb obaith i'n hiaith barhau.

Marwaidd oedd ei Gymru ddof, ac mor wag,
    mor rhwth â cheg ogof;
gwacter eang o angof,
Cymru yn Gymru ddi-gof.

Cenedl ddiddig Seisnigaidd, a'r Gymraeg
    mor egwan a thlodaidd;
gwlad ddi-her heb gryfder gwraidd;
cenedl Americanaidd.

Eco oedd y cywyddau, a rhith oedd
    yr iaith ddiddim hithau,
a'n llais, wrth iddi bellhau,
yn adlais fel ein chwedlau.

A thrwy'r drws daeth rhyw dristwch iddo'n ôl;
    yr oedd nef yn harddwch
Gwales, a diogelwch,
nid gwlad frau a'i llyfrau'n llwch.

Ond ffug oedd y bywyd ffôl, a Gwales
    yn gelwydd parlysol,
rhaid oedd iddo hwylio'n ôl
i'r oes hon, i'r presennol.

O'i antur y daeth yntau; o Wales
    dychwelodd â'i luniau,
  fel llun y pair dieiriau
  a phob ceg yn geg ar gau.

Ail-greu'n hiaith o'i hanrhaith hi a wnâi'i bair;
    rhoddodd barabl inni;
  dad-wneud ein mudandod ni
  â'i luniau, a'n haileni.

A'r iaith o'r pair lledrithiol a aned
    yn un â'r gorffennol:
  ein geni ni'n wahanol,
  ein geni ni'n Gymru'n ôl.

Adfer gwlad a threftadaeth; ein hail-greu'n
    hil gron; creu hunaniaeth;
  aileni, drwy chwedloniaeth
  y genedl, y genedl gaeth.

Rhoddodd i'w hil ei gwreiddiau; mae'r Gymraeg
    ym mhair hud ei luniau
  yn fyw o hyd, yn cryfhau:
  crud hanes yw'r cartwnau.

A chreodd ein dechreuad; rhoi i ni
    yr hen iaith yn dreftad,
  a'i phair hi yw'n deffroad:
  y pair hwn yw ein parhad.

Cyfarch Gerallt

(ar ôl colli Mirain)

Dros dy iaith y brwydraist ti yn daer iawn,
     ond ar ennyd colli
       Mirain, beth oedd Cilmeri?
       Dim oll wrth ei harcholl hi.

Er Cof am Euryn Ogwen

Anhyglyw yw pob rhaglen; tawedog
     yw'r stiwdio ddiawen:
       mae'n holl iaith ac mae'n holl lên
       yn wag heb Euryn Ogwen.

Y Milwyr Du Digofeb*

Er rhannu anwarineb ein dyddiau,
    nid oedd ein trychineb
yn gyfwerth ar un gofeb
â'ch enwau, a ninnau'n neb.

Yn nhir neb, er ein haberth, yr hunwn;
    lliw'r croen oedd y drafferth:
ar arwyr gwyn y rhoir gwerth;
arwyr du yw'r rhai diwerth.

* The report found that at least 116,000 casualties from WW1, most of whom were of African, Indian or Egyptian origin, 'were not commemorated by name or possibly not commemorated at all'. But that figure could be as high as 350,000, it said. It also cited racist comments such as the governor of a British colony saying in 1923 that: 'The average native ... would not understand or appreciate a headstone.'

Adroddiad mewn papur newydd.

I Wyn a Marged Thomas

(ar achlysur dathlu 59 o flynyddoedd o fywyd priodasol)

Er y baich, er gwaetha'r byd; er y boen,
      er byw ag afiechyd,
   y mae'r ddau'n parhau o hyd
   yn gryf, yn deyrngar hefyd.

Traethwn, pe medrwn, am iau eu hoedran
      a gwrhydri'u dyddiau,
   ond dewr tu hwnt i eiriau
   a'u dyfnder yw dewrder dau.

Yn drech na llymder y drain, yn wrol
      er y mieri milain,
   mor glòs, mor agos yw'r rhain,
   agos yn bedwar ugain.

Saethau Cariad

(Cerdd i ddathlu genedigaeth Hanna Enfys Sidgwick ar Ebrill 8, 2021,
chwaer i Steffan ac Osian)

Un Ebrill roedd llond wybren o liwiau
    wedi glaw, a'r heulwen
   hithau'n saethu saith pluen
  o dyndra'r bwa uwchben.

O'i linyn i'n calonnau y saethodd
    y saith pluen denau:
   cariad a wnaeth y saethau
  i fwa'r hindda'u rhyddhau.

Un Enfys a fu'n anfon y saethau
    yn syth o'r entrychion:
   atal ni allai'r galon
  anaf serch yr Enfys hon.

Eisoes fe gawsom Osian, ac eisoes
    fe gawsom ni Steffan:
   daeth, yn rhodd, fendith i'n rhan
  o achos yr un fechan.

Â'u chwaer iau y chwaraeant; y chwaer iau
    o'i chrud a faldodant,
   a'n dyddiau a oleuant:
  pa les yw bywyd heb blant?

Ac Enfys yw ein gwynfyd; hi, Enfys,
    yw ein hanfod hefyd:
   hi yw bwa ein bywyd,
  bwa ein hindda o hyd.

Ceidwaid y Gadair

(er cof am Gerald Williams, yr Ysgwrn, a hefyd ei frawd, Ellis)

Enillodd. Am na allai ei chwyro,
    meibion chwaer a loywai
  ei Gadair, a disgleiriai
  dan nerth penelin dau nai.

A dau geidwad y Gadair oedd dau nai
    bardd diniwed, disglair
  yr Ysgwrn wedi i'r Esgair*
  wagio ohono bob gair.

Â'r ddôr ar agor o hyd, tywysent
    bawb at oes ddisymud;
  roedd drws eu cartref hefyd
  yn agor ar drysor drud.

Trysor mewn byd direswm; Cadair wag
    hyder iaith rhag gorthrwm;
  ni roed ar hon, er mor drwm
  y gwaedodd, waed ei godwm.

Hael eu nawdd drwy'r blynyddoedd i Gadair
    dysgeidiaeth yr oesoedd:
  Cadair brydferth ein gwerthoedd,
  Cadair wag heb wacter oedd.

Cadair wag, ond mor agos oedd ewyrth
    y ddau ambell hwyrnos,
  wrth i ddoe'r gwerthoedd aros:
  byd gwâr uwch ffieidd-dra'r ffos.

A rhannai'r tri ohonynt hwyrnosau'r
    hen oes, cadw'r oeddynt
  werthoedd gwâr ewyrth oedd gynt
    mewn hedd yn gwmni iddynt.

Ond rhyfel, rhyfel ar hyd yr oesoedd
    sy'n drais ar gelfyddyd;
  rhyfel sy'n fferru hefyd
    y gân sydd ynom i gyd.

Ond trech yw'r Gadair na'r trais; gwarineb
    yw'r graen; methodd malais
  trin waedlyd droi yn adlais
    ofer felyster ei lais.

Aeth Ellis i'w daith olaf; troi i'w hynt
    ar anterth y gaeaf,
  a Gerald, yr hawddgaraf,
    yntau'n ei fedd ddiwedd haf.

Ellis, un parablus oedd; siaradus
    ar hyd y blynyddoedd;
  gair ni rôi Gerald ar goedd,
    tawedog tu hwnt ydoedd.

Aethant ond rhoesant drysor eu haelwyd
    i'w hil, gan ailagor
  ar hen werthoedd echdoe ddôr
    eu trig i'w gwarchod rhagor.

---

* Esgair Pilckem/Pilckem Ridge, lle clwyfwyd Hedd Wyn yn angheuol.
Gerald: yngenir ei enw yn y ffordd Gymraeg, fel Gerallt neu Geraint, nid yn y
ffordd Saesneg.

Er Cof am Gyfaill o'r Cwm

(Tal Williams, Clydach, Cwm Tawe; cyfaill hoff, cyn-brifathro ac awdur
Salem: y Llun a'r Llan)

Iddo rhoddodd ei wreiddiau gadernid
    rhag darnio'i ddelfrydau:
    llawn gwerthoedd oedd ei ddyddiau,
    gwir werthoedd, nid gwerthoedd gau.

Ei gwm oedd cwm y cymoedd; ymgomiai
    am ei gwm a'i werthoedd,
    siarad am hen amseroedd,
    am mai Tal Cwm Tawe oedd.

Heb Tal, nid cystal yw'r Cwm; hithau'r iaith
    heb na threfn na phatrwm:
    mae'r holl le hebddo mor llwm,
    mae'r hen weithle mor noethlwm.

Aeth iaith ei gwm yn fwmial, ac mae'i gwm
    heddiw'n gwm mwy gwamal;
    gwnaed hwn, lle y ceid gan Tal
    gymwynas, yn gwm anial.

Tristâi pan fentrai i fysg rhai â'u hiaith
    mor rhemp o ddiaddysg:
    iaith ei ddoe yn iaith ddi-ddysg,
    iaith ei gwm yn iaith gymysg.

Trwy'r cwm dyfal a chaled, roedd dadwrdd
        diwydiant i'w glywed,
    ond o leihau'i hyd a'i led
    meinach yw'r hen gymuned.

Hwn a rannai warineb; hyrwyddai
        a thaenai ddoethineb;
    haelioni oedd, ail i neb,
    haelioni hyd ffolineb.

Hael oedd wrth fy nheulu i; hael wrthyf,
        gwelai werth fy ngherddi;
    llond calon o haelioni
    a feddai; fe'n helpai ni.

Cofiaf innau hafau a aeth, hen hafau
        Broadhaven, mewn hiraeth
    am y plant ar raean traeth
    yn heulwen y dydd helaeth.

Bu'n gyfaill fel eraill, lu; cyfaill hŷn,
        cyfaill hoff er hynny,
    a chyfaill i'w ddyrchafu
    uwchlaw eraill; cyfaill cu.

Er rhoi Tal i'r tawelwch, daw i'n clyw
        dinc ei lais o'r heddwch,
    ac erys ei ddyngarwch
    er i law wasgar ei lwch.

Y Rhodd Werthfawr

(i Tristan ar ei ben-blwydd yn bump oed, Awst 7, 2021)

Yn dair, yn bedair, yn bump:
fel hyn, Tristan, y mae amser yn diflannu,
llithro mor rhwydd bob blwyddyn,
llithro a rhuthro i'w hynt
fel y nos o flaen y wawr,
fel nant yn cyflymu, yn byrlymu heb arafu ei brys.
Amser yw popeth,
amser yw'r llanw ac amser yw petruster y trai;
amser yw'r gaeaf crin, a gwyrddlesni Mehefin a Mai,
yr haf yn foddfa o ddail cyn i'r hydref ddod
i ddiosg ei wyrddlesni i gyd, wrth iddo wasgar ei ddail, a sŵn gwynt
iasoer y gaeaf eisoes
yn cleisio clust,
gwynt main yn ubain drwy'r nos.

Mae'r haf yn darfod
o ddeilen i ddeilen, darfod heb i neb sylweddoli
fod yr hydref, fel defod,
yn dod ar ein gwarthaf un dydd,
cyn i'r hydref droi'n aeaf yn araf, heb yn wybod i ni,
heb yn wybod i ti,
cyn i ti sylweddoli, rhyw ddydd,
pa mor werthfawr yw pob awr o'n bod,
pa mor sydyn, pa mor amhrisiadwy
yw amser beunydd, oherwydd nad yw yn parhau
am un ennyd awr.
Amser yw'n galar ac amser yw'n gelyn,
a'n cyfaill caredig hefyd;

amser yw ein maeth a'n cynhaliaeth, ac amser yw'n heliwr,
yr ymlidiwr y mae ei eiliadau
fel cŵn hela o'n hôl,
cŵn hela nad oes un ddihangfa fyth rhagddynt hwy.

Ac oes, y mae amser i bopeth,
y mae amser i gasglu'r sêr ar nos o haf
a'u cadw yn ein pocedi;
y mae amser i wylio'r llanw'n dadbellennu ei ewyn,
i wylio'r trai yn chwalu
olion traed y gwylanod trahaus
ar hyd tywod Bae Abertawe.

Ac oes, y mae gwlad, gwlad
y mae pawb ynddi hi yn bump oed;
heddiw cyrhaeddaist honno,
a byddi yn byw ynddi hi,
am flwyddyn gyfan, byw ynddi ar wahân i'th rieni,
ac eto, ni adewi di am un ennyd awr
eu gofal dihafal hwy;
felly, cyn i ti weld
trasiedi ein bod, Tristan, bydd
yn ddedwydd dy fyd.
Mwynha di bob munud awr;
gwerthfawroga'r wyrth fregus
hon o fywyd sydd yn rhodd gan ddifäwr,
hyd tra byddi di,
pryd na fyddaf fi,
pan wahaner, gan amser, ni.

I Ffion ar ei phen-blwydd yn ddeg oed

Yn naw ddoe a heddiw'n ddeg, dymunaf
    fyd mwyn i ti'n anrheg,
  byd llawn cariad bob adeg,
  nid byd anhyfryd, annheg.

Miryam Ulinover

Ni wyddwn, hyd yn ddiweddar, am ei bodolaeth:
  digwydd canfod ei gwaith mewn blodeugerdd a'm cymhellodd i
i chwilio am wybodaeth amdani, hyd at ei marwolaeth,
  nes cael rhyw ychydig o'i hanes. Iddewes oedd hi

mewn gwlad lle'r oedd bod yn Iddewon yn nam anfaddeuol
  ar burdeb gwaed y puryddion a'u gyrrai fel praidd
o ddefaid i'r corlannau creulonaf, y llociau angheuol,
  o flaen rhyw anghenfil o Annwfn, o flaen rhyw hen flaidd.

Ac yn Auschwitz y diflannodd y tair, lle'r oedd cyrff yn pentyrru;
  rhwygwyd Miryam a'i mam a'i merch gan grafanc eu grym:
tair cenhedlaeth, a'r cŵn â'u hudlef o'u hôl yn eu gyrru
  i'w hangau, er goroesi o'i llên wedi'r gwersyll llym.

Ond plant y Diafol oeddynt yn eu bwystfileiddiwch,
y rhain a oedd yn buryddion llawn barbareiddiwch.

Epigramau

A fu erioed fwy o fraint
i ddyn na chyrraedd henaint?

Mor hir yw archoll hiraeth;
eiliad neu lai siwrnai'r saeth.

Mae'r hen â'u cyngor mor hael
i'r ifainc sy'n ymrafael.

Gwell briwsion o wirionedd
na seigiau celwyddau'n wledd.

Rhag cnoad, rhag gwae newyn,
cryfach yw greddf na deddf dyn.

Llong a hwylia gyda'r gwynt
a hwylia'n groes i helynt.

Llai o werth na thorth mewn llaw
yw adduned am ddeunaw.

Fyth ni choffeir ar eira
na dŵr yr un enw da.

I'r rhai iau, mor hir eu hoes;
i'r hŷn, mor fyr eu heinioes.

Mae'r dydd eang yn dangos
yr hyn a wneir yn y nos.

Anodd dod, pan fydd y dŵr
yn ein herbyn, i harbwr.

Â'n traed yn rhwym mewn gwymon
ni'n cludir i dir gan don.

Yng ngwleddoedd llysoedd ein llên
cnofa wag yw cenfigen.

Nid hwylus canu telyn
onid yw ei thannau'n dynn.

Na feier yr offeryn,
y rhemp yw'r cerddor ei hun.

Tri pheth a'n clyma'n blethwaith:
ein tir, ein Cof hir a'n hiaith.

Gwylia'i dwyll, ei glod a'i wên –
cnaf agos yw cenfigen.

Y mae'n wewyr cwmnïa
lle nad oes cyfeillion da.

Hawdd gwneud tant yn ddigon tyn:
ai hawdd i alaw ddilyn?

Y Fandaliaeth

(fandaleiddio cerflun Hedd Wyn yn Nhrawsfynydd; cyd-filwyr Hedd Wyn yn llefaru)

Ar ôl y gwaith o'i ddrilio yn greulon,
    ac ar ôl ei glwyfo
  a'i ladd, ei fandaleiddio,
  a'i hel i'w dranc yr ail dro.

A'r rhwyg sydd eto'n parhau; y rhwyg fawr
    a rhegfeydd y gynnau:
  pa werth i'n haberth lanhau
  gelyniaeth o galonnau?

A hwn oedd pawb ohonom; ar y cyd
    i'r cadau yr aethom,
  gannoedd, gannoedd, ac ynom,
  â'r gelyn draw, galon drom.

Yn un â'i gerflun, yn gaeth, ac yn un
    â'i gnawd a'i fodolaeth,
  ein sarhau ninnau a wnaeth
  y diawliaid â'u fandaliaeth.

Yr Etifeddiaeth

Pais Dinogad, fraith fraith,
O grwyn balaod ban wraith ...
Pan elai dy dad di i heliaw,
Llath ar ei ysgwydd, llory yn ei law,
Ef gelwi gŵn gogyhwg:
'Giff! Gaff! Daly, daly! Dwg, dwg!'
Ef lleddi bysg yng nghorwg
Mal ban lladd llew llywiwg.
Pan elai dy dad di i fynydd,
Dyddygai ef pen iwrch, pen gwythwch, pen hydd,
Pen grugiar fraith o fynydd,
Pen pysg o Raeadr Derwennydd ...

'Pais Dinogad', hwiangerdd o'r 7fed ganrif

A oes rhywle ar ôl, rhywle y tu hwnt i'r cwerylon,
    rhywle y gallwn ffoi iddo i adfer ein ffydd
yn y pethau syml, yn naioni cynhenid y ddaear,
    rhywle lle mae'r gwlith yn bendithio, yn bedyddio'r dydd?
A oes rhywle, rhyw gwr, heb dad Dinogad yn agos
    yn unman, i atal y plentyn rhag dilyn ei dad,
â'i bastwn yn wlyb yn ei law, a gwaywffon ar ysgwydd,
    a oes rhywle y gallwn ffoi iddo a rhwystro'r parhad?

A oes rhywle ar ôl, rhywle rhag y ddelwedd greulon
    o'r staen egr ar bais Dinogad, y wawyffon o waed,
y trosglwyddo trais o genhedlaeth i genhedlaeth yn waedlyd,
    cenhedlaeth yn trosglwyddo i genhedlaeth bob camwri a wnaed?

A oes rhywle ar ôl, cilfach rhag helfa'r hwiangerdd?
A all rhywun ein tywys at ynys lle nad oes yr un staen,
ein tywys i ryw lecyn tawel lle na bu rhyfeloedd,
lle nad enwir y miloedd ar filoedd o ryfelwyr ar faen?

A oes rhywle ar ôl, rhyw Wales y tu hwnt i'r gorwelion,
    rhyw ynys ddiarffordd o gyrraedd ffordd orffwyll y byd,
rhywle lle y gallwn ni dreulio pedwar ugain mlynedd,
    gan ffoi i osgoi'r hen dreisgarwch, mewn heddwch o hyd,
fel na ddaw o Aberhenfelen wib yr un fwled,
    na dagrau ein byd o Gernyw bell tra bo'r ddôr
waharddedig o hyd yn gaeedig, rhag bod tad didostur
    Dinogad yn agor ein llygaid i'r lladd dros y môr?

A oes rhywle ar ôl, rhywle y tu hwnt i'r hiliaeth
    sy'n gwenwyno'r ddaear, yn gwthio'r ewinedd drwy'r wên;
y casineb sy'n ysgubo'r croenddu i'r gwter fel crinddail,
    a geto oedd y gwter unwaith, pan yrrid, lond trên
ar y tro, y trueiniaid hynny i'r gwersylloedd difa,
    eu newynu a'u pastynu'n stond, eu gyrru i'w tranc,
a'r pastynau egr, fel pais Dinogad, yn waed,
    oherwydd rhoi grym yn nwylo barbaraidd rhyw granc.

Mae'n rhaid inni godi'r angor a mentro i'r môr
    a hwylio ymaith, neu hedfan ar adenydd colomen,
hedfan uwch ein hadfail o fyd, ein planed dreuliedig,
    i rywle heb na haint na phandemig, na chyrff yn un domen.
Ai fel hyn y bu hi erioed, yn filain a brwnt,
    y briwgig, wedi boregad, yn bwydo'r brain,
Efnisien, yr arteithiwr meirch, Cain, yr un cyntaf
    i lofruddio'i frawd, cyn troi pawb yn ddisgynnydd i Gain?

Na, mae'n rhy hwyr. Bellach, nid oes unman ar ôl.

Hen yw'r hwiangerdd, ond mae tad Dinogad o hyd
yn trywanu pysgod Derwennydd, yn lladd iwrch a hydd.

Rhy gyfarwydd yw llygaid y beirdd â lliw gwaed y byd
i rybuddio neb, i atal y dad-ddynoli,

a gwarafun i filwriaeth gyflyru'r gwŷr ifainc ffôl
i ladd, i ddileu, i ddifa, i beri dioddefaint.

Na, ni fedrwn ni ddianc. Nid oes unman ar ôl.

Ymweliad y Doethion

Palas yn llawn urddas a golud oedd yr hyn a ddisgwylient,
    ar ôl teithio mor bell o'u teyrnasoedd yn y Dwyrain draw,
ond yno, ymhlith y bugeiliaid, yn gegrwth y gwylient
    y plentyn yn llety'r anifail, mewn biswail a baw.

Mor ddi-nod oedd y newydd-anedig a gysgai'n y gwair;
    yn dystion i ryw eni distadl, ni ragwelodd y tri
Nadoligau yfory, na'r delwau dihalog o Fair
    yn goleuo'r eglwysi, a'r eurgylch o'i hamgylch hi.

A wyddent mai hon oedd y foment a wahanai ddau fyd,
    mai'r eiliad ddi-nod oedd yr eiliad a weddnewidiai
fyd a bywyd am byth, ac mai'r preseb oedd crud
    y gwareiddiad gogoneddus newydd? Yn fud y gofidiai'r

tri am na welsant un arwydd o sancteiddrwydd Duw,
ac aethant yn ôl i'w teyrnasoedd, wedi eu siomi i'r byw.

Y Gyfraith yn ein Llên

(llyfr yr Athro R. Gwynedd Parry)

Pan oedd Cymru'n wlad uniaith, mor Gymreig,
    mor wâr oedd ein Cyfraith,
   nes caethiwo, rhwymo'r iaith
   yng ngefyn gwlad anghyfiaith.

Cerdd i Betty Campbell

(Y brifathrawes ddu gyntaf yng Nghymru; bu'n ymgyrchu o blaid cydraddoldeb hiliol drwy'i hoes. Dadorchuddiwyd cofeb iddi yng nghanol Caerdydd ym mis Medi 2021.)

'Ac mi a welais nef newydd, a daear newydd.'

(Datguddiad 21:1)

Gwâr fu'i gyrfa: o'i gwirfodd, am hawliau,
  er malais, y brwydrodd;
 er anair, mynnai'r un modd
 roi sglein ar ysgol anodd.

Ysgol hyrwyddo ffasgiaeth oedd ysgol
  ddi-ddysg ei magwraeth;
 ysgol wen heb ysgol waeth,
 ysgol annos gelyniaeth.

Ysgol meithrin diawlineb; ysgogai,
  â'i dysg wag, gasineb,
 eithr ildio i'r cythreuldeb
 ni wnâi; ni wyrai i neb.

Trwy addysg, i'w phlant rhoddodd hunan-barch
  gan bwyll, fe'u gwarchododd;
 a thrwy addysg cythruddodd
 y rhai a wawdiai ei rhodd.

Rhag bod rhagfarn fel harnais ar ei hil,
  a'r hualau'n falais,
 huawdl oedd dros rai di-lais,
 huodledd, nid rhyw adlais.

Er gwawd, ni chyfaddawdai am eiliad;
    er malais, ni phlygai;
  er amarch, nid ymgrymai;
  er rheg, fe ddyfalbarhâi.

Un teulu drwy'r byd helaeth a welai;
    anwylo'r ddynoliaeth
  yr oedd; o genhedloedd gwnaeth
  un teulu heb hollt hiliaeth.

Lle'r oedd, roedd argyhoeddiad; man lle'r oedd
    yr oedd gwir ymroddiad;
  cadarn oedd lle'r oedd sarhad;
  man lle'r oedd, roedd gwareiddiad.

A nef yw'r gofeb efydd; ynddi hi
    mae'r ddaear, o'r newydd,
  yn unol. Crud llawenydd
  y cread oll yw Caerdydd.

A'i chofeb, rhag uchafiaeth rhai croenwyn,
    rhag rhannu'r ddynoliaeth
  yn ddwy, i'n huno a ddaeth:
  deuliw yw pob brawdoliaeth.

Cymraes

(i Diane Pritchard-Jones ar ei phen-blwydd)

Arhosol er pob treiswaith yw'r Gymraeg
     am i wragedd perffaith
   fel Diane gofleidio'u hiaith
   a hawlio'i theyrnas eilwaith.

Enw Cynnes

(i Eiry Palfrey ar ei phen-blwydd)

Un gynnes er ei geni yn Nhachwedd
     a'i nych ydyw Eiry:
   ugain haf sy'n ei gwên hi
   er i hin oer ei henwi.

Hen Benillion: 'Calennig'

1.

Troi'n sofren aur ysblennydd
a wnâi pob ceiniog newydd;
â'r ddimai fach yn rhuddem fawr,
Ionawr a'm gwnâi'n filiwnydd.

2.

Awn i gael calennig eilwaith
gan bob un a'i rhoddai unwaith,
ond mi wn mai huno'n llonydd
mwy a wnânt dan bridd mynwentydd.

3.

Hael yw Ionawr â'i galennig:
ysgaw main yn gwisgo menig,
ac fe roed i'r coed siacedi
rhag rhewi'n gorn, rhag crynu ag oerni.

4.

Hyn yw cri holl blant y cread,
hyn i'n daear yw'n dyhead:
a gawn blaned lai llygredig
a chan glanach yn galennig?

I Olive van Lieshout

(Lluniwyd yr englynion teyrnged hyn i wraig ryfeddol o ddewr. Bu farw ymhen rhyw dair wythnos ar ôl derbyn yr englynion. Rhoddwyd y pedwerydd englyn ar ei charreg fedd.)

Canmil trech na'i hafiechyd yw ei sêl;
    trwy'i salwch, mae'r ysbryd
  yn gryf yn Olive o hyd,
  yn gryf a hawddgar hefyd.

Er amled ei chaledi, a dyfned
    ei hofn a'i thrueni,
  yn ei chur nid yw'n chwerwi:
  dewrach, nid chwerwach, yw hi.

Yn ei gwendid, mae'n gyndyn i ildio
    i iselder fymryn:
  mae rhyw nerth iddi'n perthyn,
  ysbryd iach sy'n sobri dyn.

Chwiliais ond ni welais i wraig arall
    â rhagoriaeth arni,
  na chael, er mynych holi,
  neb o'r byd â'i hysbryd hi.

Hi yw'r wên sy'n trywanu drwy'r düwch
    a'i drwch, gan ei drechu,
  y wên sydd yn tywynnu
  drwy'r goedwig ddieflig, ddu.

Y Ddwy'n Un

(Claddwyd Ann Griffiths ym mynwent Llanfihangel-yng-Ngwynfa, Maldwyn, a thybir mai yno y claddwyd Gwerful Mechain hefyd. Y ddwy brydyddes Gymraeg enwocaf wedi eu claddu yn yr un fynwent.)

Mae'r ddwy'n llwch ym mhridd un llan, dwy hynod
    wahanol eu hanian;
  yn un â'r Angau'i hunan
  cwsg Gwerful yn ymyl Ann.

I Bobol Wcráin

Er treisio, creithio Wcráin, er bomiau'r
    Behemoth o'r Dwyrain,*
    nid yw'r anghenfil milain
    yn drech nag ysbryd y rhain.

Rhyfel Wcráin

Ai ymladd dros eich mamwlad yw'r ymladd
    o'r Kremlin? Ai cariad
    yw lladd plant ar amrantiad?
    Rhoi mamau'n dargedau'r gad?

* Behemoth: anghenfil enfawr ac anorchfygol yn Llyfr Job.

Y 'Tywysog' Newydd

Os yw'n hanes yn honni, yn wasaidd,
        mai'r tywysog inni
    yw'r gŵr hwn, trwy'i goroni,
    nid hanes yw'n hanes ni.

Englyn i Owain Glyndŵr
(ar Ddiwrnod Owain Glyndŵr)

Dy wlad, nid cenedl yw hi; ni hidia
        am sarhad nac anfri;
    aeth dydd dy dreftadaeth di
    yn ddydd cywilydd iddi.

Y Rhyfel yn Wcráin

Oherwydd rhyw un ynfytyn mae hi'n lladdfa eto:
  gwlad fawr, o fwriad, yn hybu dilead gwlad lai.
Digwyddodd o'r blaen, pan gadwyd Iddewon mewn geto
  cyn eu llarpio a'u lladd. Malurir y tir a'r tai,

ac mae'r ddaear yn crynu, yn crynu o gyrion Wcráin,
  ac mae'r bomiau yn ffrwydro drwy'r byd, yn lladd pob tawelwch;
rhag hynny, newidiwn y sianel, diffoddwn y sain,
  am na allwn wneud dim, dim ond gwylio mewn diogelwch.

Yn nwylo'r arweinwyr-lofruddion mor greulon yw grym,
  y grym sydd yn gyrru ymaith y miliynau o'u gwlad
ar ffo dros ryw ffin: y wladwriaeth ddidostur a llym
  sy'n llofruddio ei phobol ei hun heb yr un eglurhad.

Dim ond mymryn o edefyn sy'n dal y cyfan ynghyd:
peri galar i bawb y mae'r un sy'n peryglu'r byd.

Mamau

(i'r fam o Wcráin a oedd wedi agor bedd yn ei gardd i gladdu ei mab ei hun, ar ôl i daflegryn daro ei chartref a'i ladd)

Fe wyddai Aneirin a beirdd y canrifoedd anwaraidd
    am y dagrau ar amrannau'r mamau uwch eu meibion mud,
ac ym mhennau'r mamau hynny, yn ein bore barbaraidd,
    yr oedd sŵn y cleddyfau'n atseinio o hyd ac o hyd.

Yr un yw gofidiau mamau ein dyddiau ni
    â mamau dyddiau'r Gododdin, uwch y cyrff drylliedig,
fel y fam o Wcráin yr oedd atsain ei hubain hi
    yn treiddio trwy bennau holl famau ein byd gwareiddiedig.

Cloddiodd fedd â'i hewinedd i gladdu ei mab ei hun;
    heb betruster, rhoddodd garped drosto i'w guddio o'i gŵydd
i liniaru rhyw faint o'i galaru, a dangosai ei lun
    i'r camerâu, a'r dagrau a lifai mor rhwydd

yn chwalu, yn gwasgaru, yn stribedu dros ffenestri'r byd:
y mae sŵn y cleddyfau ym mhennau'r mamau o hyd.

I Janice ar ei phen-blwydd

Mawrth 2022

Heb henaint yn gwmpeini, i ni'n dau
      nid oes digalonni,
    o achos fe edrychi
    yn iau na'th saithdegau di.

Andrea Bocelli

Rhy gaeth a thywyll yw'r gell i'r llinos
    â'r llwyn yn ei chymell:
   ni chaeir yn ei chawell
   y gân sy' am hedfan ymhell.

Y Rhin

*(i Wyn a Marged Thomas ar achlysur dathlu 60 o flynyddoedd
o fywyd priodasol)*

Aeth trigain mlynedd heibio ers i ni
    rwymo'r garwriaeth gyda'r fodrwy gron;
gwyddem, wrth wisgo'r bys â'i henfys hi,
    na fedrai henaint bylu'r fodrwy hon.

Daeth wyrion a gorwyrion o'r garwriaeth,
    a thrwy ein plant mae'r rhamant yn parhau,
a'n cariad sydd, o'r herwydd, yn arwriaeth:
    amser nid yw'n ormeswr i ni'n dau.

Er nad oes croeso i'r blynyddoedd crin
    a'n siga filwaith o dan bwys gofalon,
ein braint, er henaint, yw ailbrofi'r rhin,
    y rhin a ddiogelir gan ddwy galon.

Tra bo, fel rhyw hen win, i'r rhin barhau,
paradwys daear yw priodas dau.

Yr Addewid

(i Gwenda Richards ar ei phen-blwydd yn 70)

Addewid plant y ddaear a gafodd
    yn gyfoeth digymar:
    rhodd Duw yw'r addewid wâr,
    rhoddged i wraig wir hawddgar.

Ei hanrhegu â'r trigain a deg oed,
    i gadw'i hiaith firain
    yn iach trwy'r pethau bychain:
    o'i fodd y rhoddodd Duw'r rhain.

O hyd mae'r oriau'n rhedeg, a bywyd
    o hyd yn ehedeg
    mor fuan, eto anrheg
    Gwenda yw'r trigain a deg.

Iddi rhoed drwy ddyddiau'r hynt flynyddoedd
    nad oedd ond cred iddynt,
    a blynyddoedd gwâr oeddynt,
    blynyddoedd y gwerthoedd gynt.

Os drwg i rai distrywgar yw'r byd hwn,
    er bod dynion anwar
    a gwyllt, i eneidiau gwâr
    mor dda yw tramwy'r ddaear.

Y fraint sy'n werthfawr o hyd ydyw'r fraint
    a'r wefr hon o fywyd;
    gwerthfawr yw pob awr o'r byd,
    a'u rhif sy'n werthfawr hefyd.

I Ffion

(pen-blwydd ein hwyres yn 11 oed, a hithau ar fin ymadael ag Ysgol Gynradd Bryn-y-môr)

Un ar ddeg yn rhwydd ddigon, hwn a ddaeth
    yn ddydd o obeithion,
    dydd dy eni di, Ffion,
    i'r ddaear anhawddgar hon.

I bawb mae ffin neu riniog i'w croesi
    i dir cras, afrywiog:
    troi a wnawn o'n Tir na n'Og
    i dir anial mwy dreiniog.

Ac o'r ysgol leol lon yr ei di
    ar daith lawn breuddwydion
    draw i ysgol oedolion:
    ysgol wahanol yw hon.

Yn galonnog eleni, y ffin hon,
    Ffion Haf, a groesi,
    hwn, y dydd y diweddi
    gyfnod dy blentyndod di.

Ond byd blin llawn trybini yw'r byd trist,
    er bod rhai heb chwerwi:
    byd anodd, ond boed inni,
    yn ffeind oll, d'amddiffyn di.

Boed iti, felly, Ffion, yfory,
       heb fawr o ofalon,
    rif y gwlith o fendithion
    yr hen ddaear hawddgar hon.

I Ioan

(ar ei ben-blwydd yn 44 oed)

Yn annwyl i ni'n unoed, ac annwyl,
      gynnau, yn dy faboed,
   annwyl wyt yn ganol oed,
   annwyl i ni'n ein henoed.

'Yma o Hyd'

(Dafydd Iwan yn canu 'Yma o Hyd' adeg gêm Cymru yn erbyn Wcráin)

Nid cân dros Gymru'n unig oedd dy gân:
    roedd dwy genedl ysig
  yn y nodau crynedig
  yn wylo, cyd-ddiawlio'n ddig.

Ewyllys

(Dafydd Iwan yn canu 'Yma o Hyd' cyn gêm Cymru yn erbyn Awstria)

Â grym dy lais, taniaist ti ein hawydd
    i barhau i fodoli:
  lleisio'n holl ewyllys ni;
  geirio ias ein goroesi.

Goroesi

Er ceisio'n lladd yn raddol, hawlio'n tai,
    hawlio'n tir brodorol
  nes ei droi'n dir estronol,
  mae dyrnaid, o raid, ar ôl.

Colli Ewyllys

Eiddom oedd drwy'r oesoedd maith y tir hwn,
    ond troes yn dir diffaith:
  tir a fu'n gartref uniaith
  yn dir neb estron ei iaith.

Yr Alaw

(ar ôl gweld fideo o filwr o Wcráin yn canu fiolin o flaen nifer
o'i gyd-filwyr yn yr awyr agored yn ymyl maes y gad)

Oedent, a chlywent uchlaw sŵn y gad
    sŵn y gerdd, mor ddistaw
    â sŵn sisial, sŵn alaw
yn drech na'r sŵn gynnau draw.

Eiliad i ailgrisialu eu hen fyd;
    dychwelyd, o'i chwalu,
    ac o'i fewn ailgyfannu,
am ennyd, fywyd a fu.

Eiliad i foddi'r galar; fiolin
    uwchlaw'r floedd ryfelgar
    â'i cherdd hi'n golchi'r ddaear
o'r gwaed am un orig wâr.

Â'r un offeryn yn ffydd, ehedent
    ynghyd, a'r unawdydd
    a'i dannau yn adenydd
angel, o'r rhyfel yn rhydd.

Mewn byd gwallgof, ailbrofi gwarineb
    yn grwn, a'u cartrefi
    yn gyfan drwy'r gwallgofi,
a daear hawddgar oedd hi.

Cofient, meddylient am ddydd amgenach,
    am gân a llawenydd;
    cofient, a rhodient yn rhydd
o flaen y fiolinydd.

Mynnu dychwelyd drachefn; ailhawlio'u
    haelwyd er pob anhrefn;
    edryd i'r tai eu dodrefn,
    dodi cartrefi mewn trefn.

Egwyl mewn byd distrywgar; cael, ar hoe,
    ail-fyw ddoe'r hen ddaear,
    a thrwy'r alaw groesawgar,
    ailgrëwyd pob aelwyd wâr.

Creodd yr un cerddor hedd; creu hefyd,
    rhag rhyfel, orfoledd;
    trôi'r alaw uwch baw a bedd
    fwledi yn felodedd.

A'r alaw ni ddistawai; ei solas
    a'i hias a arhosai;
    bellach, pereiddiach yr âi;
    yn dlysach yr adleisiai.

I'r gad, â'u gwlad yn ffradach, dychwelent
    â chalon ysgafnach,
    ac alaw fyw'r egwyl fach
    iddynt yn fil pereiddiach.

Yn ôl i ganol y gad yr aethant
    rhag anrheithio'u mamwlad;
    brwydro i gael eto'u gwlad
    heb y gynnau'n bugunad.

Y Ddau Orffennaf

*(er cof am Islwyn John, Dinbych-y-pysgod, a fu farw yn 97 oed
ym mis Gorffennaf, 2021)*

> *Nes dyfod o'r hollfyd weithiau i'r tawelwch*
> *Ac ar y ddau barc fe gerddai ei bobl,*
> *A thrwyddynt, rhyngddynt, amdanynt ymdaenai*
> *Awen yn codi o'r cudd, yn cydio'r cwbl ...*
>
> 'Mewn Dau Gae', Waldo Williams

Mae'n Orffennaf. O'm 'stafell ni elli
    di bellach fy nghymell
  i Arberth ar daith hirbell:
  mae Sir Benfro heno ymhell.

Cofiaf Orffennaf ffeinach, a hwnnw'n
    Orffennaf dedwyddach;
  Gorffennaf llawer brafiach,
  tithau, fel ninnau, yn iach.

Ni fedri di gofio'r daith honno gynt
    a gaed, hen gydymaith,
  ond fe'i cofiaf ag afiaith:
  siwrnai fer oedd siwrnai faith.

Sylfaen y daith oedd Solfach, oedi awr
    cyn dirwyn ymhellach
  (ond rhy bell yw'r pentre' bach
  i mi'n fy henoed mwyach).

Cychod hwylio; tawelwch; dim ond ust
　　ym min dŵr, a heddwch;
　harbwr, a gwylan surbwch
　yn cuchio, gwawchio ar gwch.

Ymhen plwc, cael, yn swcwr, dawelwch
　　Rhydwilym, heb ddwndwr
　yno, na thrwst na mwstwr,
　dim ond sisial-dincial dŵr.

Â'r ffordd hir heibio'n dirwyn, fe'th welaf
　　â'th ddwylo ar olwyn
　eilwaith, a'th dafodiaith fwyn
　yn oslef mor bêr, Islwyn.

Ac i wlad y goludoedd yr aethom,
　　gwlad rith yr hen niwloedd;
　gwlad oediog Waldo ydoedd,
　siwrnai i weld Rhosaeron oedd.

Yn y tŷ, teulu cytûn a drigai;
　　un gair drwg am gyd-ddyn
　ni feddent; gwelai'r plentyn
　mewn un tŷ holl deulu Dyn.

Gwelsom bentre' bro'i febyd, a dau gae'r
　　hen frawdgarwch hefyd,
　a'r Benfro honno o hyd
　yn Benfro y byw unfryd.

Am ennyd, gwelem yno ardalwyr
          y frawdoliaeth honno
     a'i mowldiodd. Gwelem Waldo
     yn rhannu braint gwerin bro.

Gwelodd yno gymdogion o un cyff
          ac un corff, un galon;
     roedd un gwraidd i'w hawen gron,
     y gwraidd a unai ddynion.

Trawai dur eu pladuriau rithmau'r iaith;
          ymrithient o'n blaenau
     yn rhes, gan fynnu parhau:
     un rhes yn camu'r oesau.

Llafurient. Ni welent ni; cymuned
          nad cymuned moni'n
     gwlwm o hyd. Gwelem hi
     yno'n y môr goleuni.

Roedd doldir breuddwyd Waldo odanom;
          dwy waun lle bu cyffro
     unwaith wrth weld cydweithio
     cymdogol a brawdol bro.

Mor hir y gwyliem y rhain; hwy'n eu hoes
          yn sŵn hisian unsain
     y bladur a'i murmur main,
     ninnau'n ein hoes ein hunain.

Â'u llafnau'n nodwyddau dur, brodio gwe'r
　　brawdgarwch difesur
　a wnaent yn un eu hantur:
　rhag pob storm, grymuso'r mur.

Y Graig a gâi wrogaeth y werin,
　　nid Tŵr y wladwriaeth:
　malwyd Tŵr militariaeth
　rhag cadw'r un gŵr yn gaeth.

Yn eu gwerthoedd un oeddynt; un bonyn,
　　un gwreiddyn gwâr iddynt;
　un eu haul, un eu helynt,
　mewn dau gae'n gymuned gynt.

A dirwyn i Bwllderi a wnaethom
　　wrth i'r daith fynd rhagddi;
　ymhen awr, fe gawsom ni
　ein tywys i fyd Dewi.

Ac ymaith y cyd-deithiem at Drefin;
　　trofaus, fel y gwibiem,
　oedd y lôn a ddilynem;
　troi tua'r felin ein trem.

Nid oedd ond carreg segur yno mwy
　　o flaen môr didostur,
　heb gynhaeaf na llafur,
　heb rod na merlod na mur.

Amser swrth a fu wrthi'n malurio
    a dadfeilio'r felin,
gorthrymder amser a'r hin,
y gyrwynt a'r môr gerwin.

Bu'r môr, er bwrw'i muriau yn deilchion,
    yn cydolchi'r lloriau
â'r gwynt, a'r gwynt ac yntau
o hyd yn mynnu'i glanhau.

I Drefin â ni'n unol y teithiaist,
    hithau'n hwyrhau'n raddol;
i Drefin, yn derfynol,
nid ei di â ni yn ôl.

Daeth eto un daith i ti, hithau'n daith
    nad oedd un modd inni
ei dirnad; aethost arni
y tro hwn hebom ein tri.

A dwylath o Rydwilym a gefaist,
    gyfaill; mor drist ydym
droi'r haf llawen oedd gennym
yn haf lleddf, yn aeaf llym.

Diolch, Islwyn. Dwyn y daith honno'n ôl
    a wnaf ambell noswaith:
daw i gof gydag afiaith –
siwrnai fer oedd siwrnai faith.

O ddydd gwael i ddyddiau gwell, ni elli
di bellach fy nghymell
o noddfa fy ystafell:
mae'r lôn i Benfro'n rhy bell.

Ar achlysur pen-blwydd ein priodas

(ar ôl 46 o flynyddoedd)

Amser, er creu pryderon i ni oll,
      dad-wneud ein breuddwydion,
  ni ddygaist uwch dy ddigon
  hawddgarwch na harddwch hon.

Ymyrryd â phob mirain a wnei di
      yn dawel a milain:
  dygaist ein chwech a deugain,
  dygaist, ond rhoddaist y rhain.

Erlidiaist, heneiddiaist ni, eto dwyn
      y fodrwy ni fedri:
  er yn hen yr un yw hi,
  yn hŷn nid hŷn mohoni.

Nadolig 2022

Trown i gyd bob cartre'n gain i'n dallu,
    Â'r byd oll mor filain,
   â thinsel rhag gweld celain,
   tinsel rhag rhyfel Wcráin.

Dyngarwr a Heddychwr

(i Wyn Thomas ar ei ben-blwydd yn 82 oed)

Yn Wcráin mae'r beddfeini'n amlhau,
    ac ymhlith y rheini,
   yn y wlad lawn bwledi,
   mae beddau ei mamau hi.

Yn wâr yn ei gynddaredd, a'i holl lid
    yn llawn o drugaredd,
   mae hwn mor ddiamynedd
   yn dyheu am fyd o hedd.

Byd unol, nid byd anwar, yw ei nod,
    heb un waedd ryfelgar;
   chwilio y mae drwy'r ddaear
   am fywyd gwell, am fyd gwâr.

Byd rhydd heb wynebu trais a fynnai,
    byd sylfaenol gwrtais
   heb fwled a heb falais,
   na llid yn corddi'r un llais.

Yn ddewr, yn egwyddorol, taer ei sêl
    tros hawliau sylfaenol;
   mawr ei ffydd mewn byd mor ffôl
   a gwirion o ddyngarol.

Oll Ynghyd

Dydd San Steffan 2022

Y teulu'n ymgasglu i gyd; ein hwyres
  a'n hwyr inni'n wynfyd,
 ninnau yn llawen, ennyd,
 llawen ac ar ben y byd.

Awr Ffarwelio

Gobeithio y byddwch eich dau yn maddau i mi
    pan af ymhell oddi yma, pan fyddaf yn ddim,
pryd na allaf chwarae fyth eto, fy wyres, â thi,
    na thithau, fy ŵyr. (Y mae'r chwarae yn darfod mor chwim.)

A gobeithio y maddeuwch chithau eich dau pan adawaf
    am byth ein prynhawniau llawn haul a'n nosweithiau llawn sêr,
a minnau i chi'ch dau yn dad, hyd nes y distawaf.
    (Mae'r hen siglen yn yr ardd yn Felindre'n fwsoglyd o flêr.)

A gobeithio y maddeui dithau pan anturiaf i'r daith
    honno ar fy mhen fy hunan, pan fradychaf di.
A dderfydd yn ddiddim oll y blynyddoedd maith
    wedi'r rhin a fu rhyngom, wedi'r ias a ranasom ni?

Gobeithio y maddeuwch i mi, pan af oddi yma,
ond na feiddiwch, am eiliad, faddau i'r cnaf a'm diddyma.